회사 말고 내 콘텐츠

회사 말고 내 콘텐츠

남의 생각에
시중드는 일을
그만두기로 했다

서민규 지음

마인드빌딩

《스토리가 스펙을 이긴다》란 책을 내고 10년이 지난 지금, 이제는 그 누구도 '스펙'이 정답이라고 말하지 않는다. 서민규 저자의《회사 말고, 내 콘텐츠》는 마치 내 책의 후속편과 같이 반갑고, 더욱 업그레이드된 아이디어로 충만하다. 콘텐츠가 스토리를 이긴다고 말하는 저자는, 당신이 진짜 스토리를 가졌다면 이제 그것을 명확한 콘텐츠로 직접 쓰고, 만들고 제작하고, 융합할 수 있어야 한다고 전하고 있다. 그의 이야기 역시 시간이 흐르면 결국 지혜로운 조언임을 알게 될 것이다. 콘텐츠가 결국 이긴다.

_**김정태**, 《스토리가 스펙을 이긴다》 저자 / 사회혁신 컨설팅투자 MYSC 대표

성공한 기성세대들에게도 두려움이 있다. 고군분투하면서 쌓아 왔던 자신의 커리어가 절벽 앞에서 끊어지는 것, 그리고 자신들이 비난했던 기성세대를 닮아 꼰대가 되는 것이다. 꼰대 탈출의 길을 어디에서, 누구에게 배워야 할까? 이 책은 기성세대가 만들어 놓은 커리어의 세계에서 좌절하고, 빗겨난 밀레니얼 세대의 저자가, 절망하지 않고 가장자리에서 발견한 콘텐츠의 시대를 살아가는 법을 안내하고 있다. 밀레니얼 세대와 공존하는 꼰대 탈출의 길을

모색하는 모든 잠재적 꼰대들에게 이 책을 추천한다.

_**박영준**, 《혁신가의 질문》 저자, 질문디자인연구소장

자본주의의 정점에서 금수저들을 위한 들러리로 전락했다고 느끼는 현대인들에게 서민규 저자는 우리 모두가 자본가임을 상기시켜 준다. 이 책은 그동안 대수롭지 않게 여겼던 나의 지식, 경험, 생각을 콘텐츠 자본으로 엮어 콘텐츠가 나를 위해 일하게 만드는 방법을 알려 주고, 이를 기존 직장생활을 대체하거나 보완해 줄 수 있는 대안적 커리어로 제시한다. 내가 이미 손에 쥐고 있는 콘텐츠 자본을 현금화할 고민을 미처 못 했다면, 당장 이 책을 집어 들고 나를 위한 진짜 재테크를 시작해 보자.

_**박앤디**, 《어제보다 더 나답게 일하고 싶다》 저자

사진은 순간을 미분하지만 기록은 순간을 적분한다. 날카로운 눈매, 차분한 목소리, 진지하게 대화하는 모습, 연단에서 강의하는 모습. 지난 5년간 봐 온 저자의 모습이 내 머릿속에 적지 않은 사진처럼 저장되어 있다. 미분된 기억들이다. 그러나 오늘 이 책을

읽고 드디어 서민규라는 한 사람을, 그가 만들어 내는 콘텐츠를, 넓고 광활한 한 우주를 접한 느낌으로 만나게 되었다. 적분된 기록의 힘은 강하다.

_**안영일**, 한국엔젤투자협회 팁스타운 센터장

자기 커리어는 자기가 만드는 세상이라고 한다. 각자의 '다움'을 발견하고 단단히 만들어 발화할 방법이 늘 궁금하지만 누구도 뾰족한 답을 주지 않는다. 사회에 첫발을 내딛는 사람도, 한참을 헤매다 무언가 새로운 자아를 찾기 원하는 사람도, 이 책을 통해 작은 시작점을 만드는 계기를 만나게 될 것이다.

_**최소현**, 퍼셉션 대표

이 책은 디지털 시대에 자신만의 콘텐츠를 생산하는 힘을 가져야 하는 이유를 다양한 영역을 넘나들며 풍부한 근거를 들어 전하고 있다. 원치 않는 의무적인 노동에서 점차 벗어나서 자신만의 주체적인 인생을 살고 싶은 분들에게 이 책을 강력 추천한다.

_**홍진표**, 생각코딩연구소 대표

누구에게나 자신만의 콘텐츠가 있다. 이 책은 지금이야말로 자신 속에 내재된 콘텐츠를 두려움 없이 개발해야 할 때라고 조언한다. 그렇다. 이제는 1인 1콘텐츠 시대다. 회사의 직함을 뗀 나 자신으로 서고 싶은 분들에게 추천 드린다.

_**문학줍줍**, 유튜버

대기업에 다니는 내게 '커리어'는 있지만 나만의 '콘텐츠'는 없었기에 부끄러웠던 시절, 모두가 옳다고 하고, 모두가 가야 한다고 말하는 길과 타협하지 않는 서민규 저자의 강의를 듣게 됐다. 이 책은 자신만의 콘텐츠를 만들어 나가고 싶은 불안한 청춘들에게 그가 전하는 '이성적 위로'다. 유용한 이론이 가득하면서도, 진심어린 격려와 위로가 담겨 있다. 저자처럼 용기를 내서 나만의 길을 걷고자 하는 이들에게 이 책을 권한다.

_**최수영**, SabiMate.com 운영자

차례

3장 시작이 힘든 이유

4장 학습은 따분한 교수의 서재가 아니다

7장 밀레니얼과 꼰대

프롤로그

뜻이 있다면,
이 순간도 잘 가고 있는 것이다

"시장에 당신 같은 신입 별로 없어."

대표님이 내게 말했다. 인턴으로 일하던 회사의 면접 자리에서였다. "당신은 당신만의 뚜렷한 콘텐츠가 있는 사람이야." 그분은 덧붙였다. 하지만 칭찬으로 기대에 부풀었던 내게 온 제안은 정규직으로의 전환이 아닌 계약직으로 더 일할 생각이 있는가 하는 것이었다.

'아니, 콘텐츠라뇨? 콘텐츠는 무슨 콘텐츠예요? 그러면 정규직으로 전환을 해주시든가요' 나는 속으로 외쳤다. 인턴으로 일하면서 좋은 평가를 받았던 나는 그 제안이 온당하지 못하다고 생각했다. 배신감이 컸다. 대표님이 값싼 위로를 건네려고 내게 없는 말을 한 것은 아니라고 생각한다. 그분에겐 단지 그분의 사정이 있을 뿐. 누구나 저마다의 사정이 있다.

그 면접 이후 내게도 여러 가지 사정이 켜켜이 쌓여 갔다. 대표님이 건넨 '콘텐츠'라는 단어를 손에 쥐고 나는 퇴사했다. 그리고 이후 정말로 내 콘텐츠를 만들었다. 한 콘텐츠를 만들고 나니 다음 콘텐츠가 이어졌다. 내 콘텐츠를 만들어 가다 보니 신기하게도, 흔들리기만 하던 나의 커리어에 무게 중심이 잡혀갔다. 내가 만든 콘텐츠 자본이 점차 나만의 커리어 자본으로 전환되는 것을 확인할 수 있었다.

우리는 '콘텐츠의 시대'를 살고 있다. 불과 10년 전만 해도 종이책 말고는 '콘텐츠'라 불릴 수 있는 것이 거의 존재하지 않았지만, 지금은 상황이 다르다. 지난 몇 년간 IT 기업들은 스마트폰, 태블릿PC 등 새로운 물리적인 도구를 세상에 선보였고, 그것은 자연스럽게 온라인 공간의 활성화로 이어졌다. 온라인 공간에는 유튜브를 비롯한 수많은 플랫폼과 콘텐츠가 넘쳐난다. 이러한 변화는 점점 더 많은 영역에서 새로운 콘텐츠를 탄생시키고 있다. 아직 제 위치를 갖지 못하고, 뭐라고 이름 붙여야 할지도 모르는 콘텐츠가 넘쳐나는 이 시대에는 콘텐츠를 '스펙트럼' 안에서 보는 새로운 시각이 필요하다. 아직 확실한 위치를 갖지 못한 콘텐츠도 콘텐츠 스펙트럼상의 어느 한 지점에 당당히 위치하고 있기 때문이다.

이 시대는 또한 '커리어' 역시 스펙트럼의 개념으로 생각해볼 수 있다. 콘텐츠 스펙트럼의 구간이 넓어지자, 언제부턴가 콘텐츠를 만들어서 자신만의 커리어로 전환하는 사람들이 생겨나기 시작했다. 이들은 '커리어'의 범주를 넓혀 나가기 시작했다. 영상 콘텐츠를 만드는 '유튜버'는 이미 하나의 커리어로 받아들여지고 있지 않은가. 회사에 다니는 사람과 회사에 다니지 않는 사람으로만 구분되던 0과 1의 이진법의 세계에 변화가 찾아온 것이다. 그리고 이렇듯 빠르게 변화하는 세상에서는 자신이 서 있는 지점을 새로운 시각으로 볼 수 있는 발상의 전환이 필요하다. 마치 덴마크 IT 회사의 기술팀장이었던 토킬 손Thorkil Sonne이 했던 것처럼 말이다.

손은 그의 아들 라스가 자폐 스펙트럼 장애ASD, Autism Spectrum Disorder를 가진 것으로 진단 받은 후 낙담했다. 라스의 미래가 도무지 그려지지 않았다. 그들은 최고의 복지 국가인 덴마크에 살고 있었지만 '라스가 성장했을 때 사회에서 과연 어떤 역할을 할 수 있을까' 그는 크게 우려됐다. 그러다 IT 전문가로 살아온 손의 머릿속에 문득 한 가지 생각이 떠올랐다. 그가 함께 일해온 고급 IT 기술자들의 역량과 자폐 스펙트럼 장애를 가진 아들의 능력이 오버랩되기 시작한 것이다. 비상한 기억력과 고도의 집중력을 가진 라스의 능력을 잘 이끌어낼 수 있다면, 자폐 스펙트럼 장애가 있는 다른 이들도 IT 업계에서 그들만의 역량을 발휘할 수 있을 거라는 생각이 들었다.

그는 '스페셜리스터너Specialisterne'라는 소프트웨어 테스트 회사를 만들고 자신의 가설을 증명해 나간다. 결과는 어땠을까? 손의 아이디어는 세상을 놀라게 하기에 충분했다. 현재 스페셜리스터너는 전 직원의 75%가 자폐 스펙트럼 장애로 진단 받은 전문가로 구성되었으며, 잘 훈련된 이들은 마이크로소프트Microsoft, SAP 등 굴지의 IT 기업에 전문 기술 인력을 제공하고 있다. 쉽게 짐작할 수 있듯, 스페셜리스터너는 덴마크어로 전문가specialist를 가리킨다.

'장애'를 '전문성'으로 본 토킬 손의 발상의 전환은 우리에게도 이런 질문을 던진다. '정상과 비정상은 과연 선명하게 구분되는가?', '스펙트럼 선상에 놓인 것들을 우리는 너무 쉽게 단정하는 건 아닐까?' 태어나면서부터 우리는 이름을 갖게 되고, 살아가며 만나는 많은 대상에게도 이름을 붙이고, 영역을 구분하며 살아간다. 정상과 비정상을 구분하고, 왼쪽과 오른쪽을 그리고 위와 아래를 구분한다. 모르는 사람들과 낯선 것들에도 인식의 편의를 위해 쉽게 이름을 붙인다. '이름 붙이기Naming'는 세상을 좀 더 단순하게 이해하는 데 분명 도움이 된다.

하지만 모든 것에 분명한 이름을 붙이려는 이 시도는 때로 아직 스펙트럼상의 경계 위에 존재하는 것들을 놓치게 만든다. 스펙트럼 선상에 놓여 있지만, 분명한 어느 구간에 속하지 않아서 아직 이름을 갖지 못한 것들을 쉽게 지나치게 만드는 것이다.

세상에는 아직 자신이 하는 일과 역할에 대해 분명한 이름을 갖지 못한 사람들이 있다. 그들은 뭔가 하고 있고, 뭔가 만들고 있지만, 확실한 영역에 속해 있지 않은 자신을 세상에 어떻게 소개해야 할지 어렵기만 하다. 만약 당신이 그중의 한 사람이라면 자신이 세상의 커리어 스펙트럼상 어느 한 지점에 당당하게 위치하고 있다는 사실을 알았으면 좋겠다. 세상이 자신의 아들을 '장애'라고 진단할 때, 토킬 손은 그를 '전문가'로 바라보았다. 우리 역시 스스로를 새롭게 정의하고 명명할 수 있는 힘을 가지고 있다.

정규직 전환 대신 계약직을 제안했던 대표님의 제안을 거절하고 퇴사하던 날, 내 일기에는 이런 문장이 적혀있다. '나를 세상 속에 어떻게 담아야 하는지 잘 모르겠다.' 시간이 흐른 지금, 나는 스스로를 '콘텐츠 코치'로 명명하고 내 역할을 만들어 가고 있다. 회사 말고 내 콘텐츠를 선택하고 걸어온 나만의 여정을 되짚어 보면서, 나와 닮은 고민을 하는 사람들에게 말을 걸고 싶다. 이 책에는 위대한 성공 스토리나 똑 떨어지는 성공 방정식은 담겨 있지 않다. 그런 게 뭔지 나도 아직 모른다. 대신 발상의 전환을 통해 커리어의 위기 속에서 콘텐츠의 가능성을 발견한 이야기가 담겨 있다. 시행착오를 거듭하지만, 콘텐츠를 통해 자신만의 커리어를 조금씩 든든히 세워 가고 있는 한 사람의 성장 스토리와 성장 방정식이 담겨 있다.

커리어에 대한 고민 앞에서 콘텐츠로 길을 찾기 원하는 사람, 이제껏 자신이 가 본 적 없는 미지의 영역으로 가고자 하는 사람, 또 그곳에서 뜻을 펼쳐 보고 싶은 사람, 그 뜻이 누구에게도 주목을 받지 못할 때 자신의 고유성을 주목할 수 있는 사람 그리고 결국 세상이 자신을 주목하게 만드는 사람. 나는 그런 사람들을 응원하고 싶다. 내가 나를 응원한 방식과 먼저 이 길을 걸으며 경험한 것들을 나누고 싶다. 내가 콘텐츠를 만들면서 만난 7가지 생각을 나누고 싶다. 그리고 이 7가지 생각을 통해 당신 역시 자신만의 콘텐츠를 만드는 길 위에 한 걸음을 뗄 수 있도록 살짝 등을 밀어 보려고 한다. 당신이 그 첫발을 뗐을 때, '콘텐츠 크리에이터'라는 새로운 커리어 지점도 그리 멀지만은 않음을 알게 될 것이다. 미래의 모든 크리에이터들을 응원한다.

1장

커리어는 기다려주지 않는다

카이사르의 편지

보병으로 커리어를 시작한 카이사르는 BC 59년에 로마 공화국 최고 지위인 집정관에 선출된다. 카이사르는 폼페이우스, 크라수스와 함께 안정적인 삼두체제를 형성했지만, 이는 그리 오래가지 못한다. 두 사람이 카이사르의 폭력성과 그의 위험한 야망을 이유로 그를 팽했기 때문이다. 카이사르는 집정관 임기의 끝이 보이자 자신의 정치적 커리어에 커다란 위기가 왔음을 알아차렸다. 그는 갈리아 지역과 인접한 로마 공화국 속주의 총독으로 가게 되었고, 이때 원대한 계획을 세운다.

갈리아는 로마에 의해 정복된 역사가 없는 곳으로, 갈리아인들은 접경 지역에서 로마인을 오랫동안 괴롭혔다. 카이사르는 군대를 이끌고 갈리아를 정복하기로 한다. 원로원으로부터 허락을 받지 않은 상태였지만, 그것은 그에게 그리 중요한 문제가 아니었다. 갈리아는 야망으로 가득 찬 로마의 총독을 막아낼 수 있는 응집력이 없었고, 카이사르는 분할정복으로 갈리아를 각개격파하기 시작한다.

8년에 걸쳐 갈리아를 초토화하고 속국으로 만들어 가는 동안 카이사르는 부지런히 펜을 놀려 편지를 썼다. 자신의 갈리아 정복 과정에 대한 내용을 써서 로마에 보내기 시작한 것이다. 카이사르는 편지에서 독특하게도 자신을 3인칭으로 서술한다. 그는 편지에 자신의 모습을 중립적으로 담아내며 문장가로서의 면모를 유감없이 발휘했다.

처음에 카이사르의 편지가 도착했을 때 로마의 반응은 시큰둥했다. 하지만 해가 거듭되고 편지가 쌓일수록 로마는 열광하였다. 로마를 괴롭혀오던 갈리아를 정복한 카이사르의 이야기는 로마 시민들에게 카타르시스를 안겨 주었다. 카이사르는 그렇게 자신의 승리의 스토리를 로마에 보냈고, 이것은 2천 년이 지난 지금도 전쟁문학의 정수로 평가받는《갈리아 전쟁기》로 생생하게 살아 있다.

집정관의 위치에서 끌려 내려온다는 것은 카이사르에게 커리어의 큰 위기였다. 그는 이름을 남기지 못할 뻔했다. 하지만 전쟁을 통해, 또 그 전쟁의 기록을 로마에 보내는 것을 통해, 그는 자신의 정치적 커리어를 안전하게 지켰을 뿐만 아니라, 갈리아 정복 이후 로마의 최초 독재자로 등극하게 된다. 카이사르의 편지는 커리어의 위기를 극복한 콘텐츠라고 할 수 있다. 그는 커리어의 절벽에서 누구도 하지 못한 일을 해냈고, 그것을 콘텐츠로 만들었다.

내게도 커리어의 위기가 있었다. 약 3년 전, 회사를 퇴사하던 때의 일이다. 당시 인턴에서 정규직으로 전환되는 인터뷰 자리라고 알고 간 그곳에서 나는 다른 이야기를 듣게 된다. 사수에게 받았던 평가도 최고점이었지만, 그 자리에서 회사는 나에게 정규직으로의 전환이 아닌 계약직의 연장을 제안했다. 나중에야 커뮤니케이션에 착오가 있었음을 알게 됐지만, 이 사회의 흔한 '을'의 모습으로, 내 자존심은 이미 산산이 부서진 뒤였다. 회사에 대한 신뢰를 크게 잃은 채 나는 그대로 회사를 나와 버렸다.

치밀한 준비 없이 나왔기 때문에 나를 지켜줄 안전장치가 없었다. 절박하게 무언가가 필요했다. 나를 지킬 그 무언가를 얻기 위해 선택한 것은 쓰기였다. 그렇게《에버노트 생각서랍 만들기》라는 첫 번째 콘텐츠를 세상에 선보였고, 이어서《에버노트 생각서랍 만들기 : 실전편》이라는 두 번째 콘텐츠도 만들게 됐다.

안전장치를 마련했다고 생각했지만, 콘텐츠를 만들어 낼

수록 취업과는 멀어졌다. 커리어와 콘텐츠는 같은 극의 자석 같았다. 절박하게 나를 지키고 싶어서 콘텐츠를 만들었는데, 취업에 대한 시도는 번번이 좌절됐다. 콘텐츠를 만들었다는 사실은, 회사의 관점에서는 매력적인 요소가 아닌 것 같았다. 매력이 아니라 오히려 채용에 결격 사유가 되는 듯했다. 나 자신조차 구직에 콘텐츠가 걸림돌이라는 생각을 점점 하게 됐다.

아이러니였다. 구직을 위해 시도했던 일들이 오히려 취업과의 거리를 벌려놓았다. 난감했다. 시간이 지날수록 내가 들어갈 수 있는 회사가 더 이상 남아 있지 않다는 생각이 들었다. 어느 날 문득 돌아보니 '귀환 불능지점'에 와 있었다. 돌아갈 수 있는 회사가 없었다.

'콘텐츠를 만들어서 나만의 커리어를 만들어 보자.' 그때 이런 생각이 떠올랐다. 돌아갈 수 있는 곳이 다 사라졌다는 생각이 들자, 그야말로 필사적인 생각이 떠오른 것이다. 그 이후로는 회사에 지원할 생각을 하지 않았다. 취업을 위해 애쓰는 대신, 내가 만든 콘텐츠로 커리어를 발전시키는 쪽으로 방향을 전환했다. 단 한 번도 사회가 정한 정규직이라는 지점에 이르지 못했지만, 거기서부터 나의 콘텐츠 자본을 집요하게 만들어나갔다.

절박함으로 시작한 시도와 시행착오에 얼마간의 운도 따

라 주었다. 내가 만든 콘텐츠들은 더디지만 조금씩 내가 세상에 발 디딜 수 있는 작은 영토가 되어주기 시작했다. 갈리아 정복 이후 카이사르는 39만km²의 영토를 호령했는데, 내게도 호령할 수 있는 2평 남짓의 사무실이라는 영토가 생겼다. 나 혼자 간신히 서 있을 수 있을 만큼 작은 영토지만, 이제 시작이다. 분명한 것은 마지막 조직 생활을 끝으로 오로지 콘텐츠 자본으로만 살아낼 수 있었고, 이제 그 영토가 점점 넓어지고 있다는 사실이다.

내가 진행하는 코칭 프로그램의 이름은 카이사르에게서 따왔다. '오리지널 콘텐츠 공방, GX'에서 'GX'는 카이사르의 갈리아 원정기, Gallia Expedition의 약자다. 카이사르가 자신의 커리어를 지키기 위해 로마에 편지를 써서 보냈던 것처럼, 누구나 자신만의 갈리아 여정을 만들어 낼 수 있다. 커리어 세계의 변방, 갈리아로 보내졌더라도 콘텐츠를 만들자. 그러면 그것이 당신에게 커리어를 만들어 줄 것이다.

'오리지널 콘텐츠 공방, GX'는 사회가 정한 커리어의 위기 상황이 진정한 커리어의 끝이 아님을 나에게, 그리고 당신에게 알려주고 싶어서 만든 이름이다. '콘텐츠를 만들어서 커리어를 만들자.' 그렇게 이 여정이 시작되었다.

커리어는 기다려주지 않는다

내게 구본형 소장은 특별한 의미를 가진 분이다. 그는 글로벌 기업에서 20년간 쌓은 커리어를 정리하고 퇴사한다. 하지만 그의 이야기는 퇴사와 함께 시작된다. 20년 전, 그가 퇴사 후에 세상에 내민 명함에는 '변화경영연구소장'이라는 직함이 적혀있었다. 그는 퇴사 후에 자신의 커리어를 새롭게 정의했다. 그에겐 수식어가 많다. 많을 뿐 아니라 그 수식어들은 지금도 유효하다.

'자신의 커리어를 새롭게 정의한 사람, 처음으로 1인 기업의 길을 연 것으로 평가되는 사람, 익숙한 것과의 결별을 해낸 사람. 그리고 사람을 남긴 사람.' 그가 책에서 이야기한 내용뿐만 아니라 그의 삶에 대한 이야기는 사람을 끌어당기는 힘이 있다. 내 주위에도 구본형 소장을 '구 사부'라고 부르며 그에게 받은 영감을 지금까지도 생생하게 기억하는 분이 있다.

구본형 소장으로부터 받은 가장 강력한 통찰은 자신의 커리어에 대한 해석이다. 그는 자신의 전공과 회사에서의 직무를 분명히 이해하고, 그것을 매우 효과적으로 결합하여 자신의 커리어를 재구성했으며, 결국 자신의 이름을 커리어로 만들어냈다. 그는 자신의 저서《익숙한 것과의 결별》에서 '변화와 조직의 개혁'이라는 주제를 13년 동안 끌어안고 있었고 결국 자기 자신으로부터 변화와 개혁을 시작할 수 있었다고 말한다.

안타깝게도 나는 그처럼 될 수 없었다. 다른 점은 차치하고, 글로벌 기업에서 20년간 일했다는 경력은 내가 가질 수 없었던 경험이다. 그 시간을 거쳐야만 획득할 수 있는 커리어 해석에 대한 통찰에 나는 이를 수 없었다. 하지만 이제 한 직장에서 20년을 보내는 것은 이제 이 사회에서 재현되기 힘들다. 시대가 변했다. 그는 뛰어났지만 그 시대가 허락한 그런 종류의 탁월함은 이 시대에는 다른 모습으로 재현되어야 할 것이다. 하지만 그가 전하는 이야기는 오늘날에도 유효하다. 자신에 대한 투자 그리고 자신의 결정에 따라 우리는 원하는 삶을 살 수도 있고, 인생의 막다른 골목에서 절망

할 수도 있다. 오늘을 넘기는 데만 급급한 삶을 살고 있다면 미래에도 크게 달라지는 것은 없을 것이다.

그의 책을 처음 접한 2017년에 그와 달리 내게는 별다른 기회가 허락되지 않았다. 커리어는 나를 기다려주지 않았고, 결별할 수 있는 익숙한 것도 내게는 없었다. 만난 일조차 없는 커리어와 어떻게 결별한단 말인가.

하지만 그런 상황에 있었기 때문에 나는 더욱 자신을 위한 투자를 해야 했다. 커리어가 내게 허락되지 않았다는 이유로, 아무것도 시작하지 말라는 법은 없었다. 뭐든 시작해야 했고, 내 삶에 주제를 가지고 새로운 그림을 그려야 했다.

낙담하고 있는 사이에도 커리어는 날 기다려주지 않았지만, 나는 2년 정도 시간을 두고 무언가에 몰두해보고 싶었다. 그리고 스스로 콘텐츠를 만들기로 했다. 먼저 2015년에 볼품없는 8장의 슬라이드로 시작했던 '에버노트' 콘텐츠를 나의 주제로 정했다. 한 줄의 글을 쓰고 또 다음 줄을 쓰고 계속해서 콘텐츠를 만들었다. 처음 만든 콘텐츠는 솜털처럼 가벼웠지만, 시간이 갈수록 점점 무거워지기 시작했다. 나의 작은 콘텐츠는 시간이 갈수록 점점 불어났다.

구본형 소장의 책을 만난 뒤로 나는 3개의 콘텐츠를 만들어냈다. '어느 정도의 성과'를 갖게 된 것이다. 지금도 여전히 내게 내세울 만한 직장생활 이력은 없다. 하지만 이제 내겐 콘텐츠 자본이 생겼다. 그리고 기쁘게도 그 콘텐츠 자본으로 나만의 커리어가 작동하기 시작했다. 남들에겐 어떻게 보일지 몰라도, 이것은 내게 일어난 드라마틱한 변화다.

그의 조언대로 어느 정도 무언가에 몰두하는 담금질 시간을 가진 이후 나는 조금씩 쌓은 콘텐츠를 기반으로 해서 다음 콘텐츠도 준비할 수 있게 되었다. 그리고 더 나아가 다른 이들의 콘텐츠를 기획하는 단계까지 나가게 됐다. 세상이 내 커리어에 주목해 주지 않을 때, 나 자신의 고유함에 주목하고, 책으로 접한 조언을 내 삶에 적용한 결과를 보며, 이제는 분명히 말할 수 있다. 커리어는 결코 우리가 완벽하게 준비될 때까지 기다려주지 않는다. 콘텐츠는 언제나 지금이 적기다.

커리어 절벽에서 콘텐츠 만들기

커리어는 사회적 탯줄이다. 커리어는 개인이 사회에 속해서 살아가기 위해 필요한 오래된 존재 양식이다. 어머니와 연결된 탯줄이 끊어지면 아기의 기존 호흡 방식과 영양분을 공급받는 방식은 바뀌어야 한다. 커리어가 끊어졌다는 것은 세상과 연결될 새로운 방식이 필요하게 되었다는 뜻이다.

자의 반 타의 반으로 퇴사하고, 회사라는 테두리 바깥쪽으로 나가게 되었을 때, 나는 우주선 본체에 연결된 로프가 끊어진 채 중력을 잃어버린 우주인처럼 마구 헛돌았다. 중력을 느낄 수 없다는 건 무서운 일이다. 어딘가에 매여 있을 땐 그로 인한 구속감을 느끼지만, 어디에도 매여 있지 않을 때는 어디가 바닥인지 모른 채 계속해서 떠도는 감각만 남는다. 발을 뻗어도 디딜 곳이 없고 무게 중심을 잃고 계속해서 떠돌기만 한다.

매일 같은 곳으로 출근해야 할 때의 고통이 있는가 하면, 집을 나와 어디로 가야 할지 알지 못할 때의 공포가 있다. 주위에서 이직을 준비하기 위해 퇴사했거나 30년 근속을 마치고 퇴임한 분들과 이야기하다 보면 금방 서로의 공통점을 발견하게 된다. 그것은 자유가 주는 공포감을 안다는 것이다. 자유가 속박된 조직 생활을 할 때는 자유를 무척이나 갈망한다. 나 역시 조직에 있을 때는 나만의 자유 시간이 그토록 간절하고 목말랐건만, 막상 너무 많은 시간이 주어졌을 때, 자유는 공포 그 자체였다.

갈증 날 때의 물 한 모금은 달콤하지만 나이아가라에서 폭포수를 맞는 기분은 아찔하다. 시간은 너무 많고 하나부터 열까지 모든 것을 스스로 선택해야 한다는 것은 공포로 다가온다. 그런 생활을 해 본 사람은 알 것이다. 먼저 생활 패턴이 꼬이기 시작한다. 그리고 가장 먼저 찾아오는 것은 수면 장애다. 제때 잠이 오지 않는다. 일어나는 시간이 불규칙해지고 식사 패턴도 엉망이 된다. 늘 정해진 시간에 함께 밥을 먹던 동료들은 이제 없다. 어색한 혼밥을 시작해야 한다. 외로움을 견디는 일은 오히려 쉽다. 내가 외롭다는 것을 아는 사람이 없다는 사실이 정말 견디기 힘들다. 이것은 흔한 퇴사증후군이다. 어디로 가야 할지 도무지 방향을 알 수 없다.

나는 여러 회사에 지원하고, 떨어지기를 반복했다. 한 회사에서 발표가 날 때까지 기다리고 있을 수가 없었다. 내게 맞는 다른 자리가 있을까 하는 마음으로 지원하고 또 지원했다. 하지만 결과는 참담했다. 계속해서 그 방법을 고수할 수는 없었다. 다른 길이 좀처럼 보이지 않았지만, 어쨌든 세상에 연결될 방법을 찾아야 했다. 커리어를 가진 사회인이 되기 위해, 지금까지 갈고 닦았던 나만의 무기들을 모두 늘어놓고 살펴보았다. 탯줄이 끊긴 지금, 그 무기들을 재조합하여 사회 속에서 나의 존재를 지속적으로 영위할 수 있는 새로운 방식을 찾아야만 했기 때문이다.

다시 세상과 연결되기 위해 내가 선택한 방법은 콘텐츠를 만드는 것이었다. 내 이름이 들어간 콘텐츠가 있으면 나를 지킬 수 있을 것 같았다. 거기까지 생각이 미쳤지만, 구체적으로 무엇을 어떻게 해야 하는지는 알 수가 없었다. 고민이 많이 필요해 보였고, 고민할 수 있는 장소와 시간도 필요했다. 도서관이 제격이었다. 일상에 불어닥친 변화에 어지러움을 느끼다가 모교를 찾았고, 다행히도 만 원만 내면 졸업생도 도서관을 이용할 수 있다는 것을 알았다. 이제는 아침에 일어나서 갈 곳이 생겼다.

이렇게 한 가지 고민이 해결되었다. 도서관에서 고민하

다가 배가 고프면 교내 식당으로 갔다. 점심을 먹고 도서관으로 돌아와서 다시 고민을 했다. 할 일이라곤 고민밖에 없었지만 어쨌든 같은 장소에서 같은 시간에 고민을 반복하다 보니 일상에 패턴이 생겼다. 막연함을 친구 삼아 몇 달간 도서관에서 시간을 보냈다. 갖가지 방식으로 고민을 해 보았다. 아무 책이나 끌리는 대로 펼쳐봤고, 유튜브에서 많은 영상을 뒤져보았다. 나만을 위한 자기소개서도 새롭게 써 보았다.

어느 날 돌아보니 '오늘도 콘텐츠 만드는 궁리를 하고, 내일 아침에 일어나면 다시 콘텐츠 만들 궁리를 할' 나의 일상이 꽤나 구체적으로 정리되어 있었다. 혼돈으로 가득한 생활에 조금씩 질서가 잡혔다. 단조로운 질서였지만 상당히 안정감을 주는 질서였다. 더디지만 시간이 흐를수록 만들고 있는 콘텐츠의 내용도 윤곽이 잡혔고, 생활은 점점 안정되어갔다. 우주 속을 떠도는 것 같은 멀미감에서 벗어나서 처음 진입한 평온한 구간이었다.

이것이 내가 처음으로 만들어본 변화 관리 원칙이었다. 퇴사 후 완전히 바스러져서 가루가 됐던 나의 의욕이 작은 바람에도 속절없이 흩어지지 않도록 도서관에서 집요하게 모으는 노력을 계속했다. 그리고 어느 정도 모아진 가루에 성냥 한 개비를 켜서 불을 붙여보니 간신히 불이 붙었다. 가루가 되었던 의욕이 모여 다시 심지가 되는 시간이었다.

간신히 의욕에 다시 불을 붙인 뒤에는 그 불이 꺼지지 않도록 바람을 막았다. 바람을 막으면서 장작을 계속 넣어줬다. 불이 꺼지지 않게 하려면 계속 부지런해야 했다. 처음 자유가 주어졌을 때 감당이 안 되던 그 공포감은 이제는 분주함으로 바뀌었다. 할 일은 조금씩 계속해서 눈에 들어왔고 그 일을 해내느라 점점 바빠졌다.

탯줄이 끊어지고 8개월이 지났을 무렵, 처음으로 내 콘텐츠를 세상에 내놓을 수 있었다. 볼품없고 초라했지만, 커리어 무자본인 내가 다시 세상과 연결될 수 있는 작은 가능성을 갖게 된 것이다. 커리어 절벽에서 만든 콘텐츠는 그렇게 나에게 인큐베이터가 되어주었다. 이제 그 안에 들어가 한숨 돌리며 세상과 연결될 수 있는 길을 모색하기 시작했다.

스토리를 이기는 콘텐츠

LG인화원의 담당자분과의 미팅 자리에서 있었던 일이다. 30분 먼저 미팅 장소에 도착했을 때, 내 등줄기에 흐르던 땀은 초여름 더위 때문만은 아니었다. 하지만 최대한 자연스러운 표정을 하고 아무렇지 않은 척하려 애썼다. '내가 대기업 담당자를 만나다니!'

그분은 내 커리어를 묻지 않았다. 대신 내 콘텐츠를 궁금해했고, 그것이 LG 사원들에게 어떻게 전달되어야 할지, 어떤 가치를 전달할 것인지를 궁금해했다. 그들에게 중요한 것은 내 커리어가 아니라 내 콘텐츠였다. 커리어에 관해 묻지 않는 것에 대해 조금은 서운한 마음이 들기도 했지만 그건 아무래도 상관없었다. 내 콘텐츠에 대해서 할 말이 많았기 때문이다.

자기소개서를 쓸 때 자신의 스토리를 담는 것은 당연한 일이 되었다. 작가가 플롯을 짜임새 있게 구성하듯, 구직자들은 자신의 커리어에 대해 매력적인 이야기를 만들어야만 한다. 스토리를 중요하게 여기는 취업 시장의 흐름은 세대를 타고 내려가 이젠 중학생들도 스토리를 만들고 있다. 자기소신을 따라 일관된 대외 활동을 이어가지 않으면 학생부 종합 전형에서 불리한 평가를 받고, 대학 진학 시에도 좋은 결과를 얻을 수 없다.

2000년대 중반 이후 스펙에 대한 사회적 비판이 잇따를 때 등장한 책,《스토리가 스펙을 이긴다》는 이 흐름에 크게 기여했다. 세상은 점수화할 수 있는 스펙을 가진 사람보다 자기만의 스토리가 있는 사람을 선호한다는 내용이었다. 스펙 경쟁이 너무 과열되어 있었기에 시대적으로 필요한 메시지였다. 이 책은 큰 반향을 일으켰고, 책의 제목은 지금까지도 하나의 슬로건처럼 쓰이고 있다.

내 커리어엔 어떤 스토리가 녹아 있을까? 나는 이전의 내 커리어에 상당한 애정이 있다. 비록 짧은 기간이었지만 뛰어난 분들과 함께 일할 수 있었고, 많은 것을 배웠다. 그 커리어에는 스토리도 알알이 녹아 있다. 비영리 조직과 관련된 활동을 하다가, 비영리 조직을 설립하는 일에도 관심을 가졌으며, 비영리 조직을 도울 수 있는 광고기획사에 들어갔다. 이 경험은 어디서든 자부심을 가지고 이야기할 수 있는 나만의 스토리다.

하지만 안타깝게도 내 커리어는 일반적으로 '망한 커리어'로 분류되었다. 어디에서도 주눅 들지 않고 이야기할 수 있는 스토리이지만, 세상도 같은 평가를 해 주지는 않았다. 창업 실패, 비영리 조직, 광고기획사로 갈지자로 이어지는 내 스토리는 취업 시장에서 먹히지 않았다.

내 스토리가 빛을 발하지 못했던 결정적인 이유는, 아마도 내가 정규직이 되어본 적이 단 한 번도 없었기 때문일 것이다. 나는 자부심 넘치는 스토리를 만들었지만, 그 스토리는 세상에 내 자리를 만들어 주기에는 충분하지 않았다. 세상은 내 스토리를 읽어 주지 않았다. 읽히지 않는 스토리가 무슨 소용인가.

여전히 스펙만으로 사람을 평가하는 건 온당하지 않다고 생각한다. 하지만 안타깝게도, 매력적인 스토리를 가졌을지언정 망한 커리어의 소유자에게 기회는 다시 오지 않는다. 게임이라면 '망한 캐릭터'를 버리고 새로운 캐릭터를 키우면 되겠지만 현실에서는 불가능하다. 스토리는 다시 쓸 수 없다. 그렇다 보니 1,400만 가지 이상의 모든 가능한 스토리 가운데서 내가 만들어낼 수 있는 최고의 스토리를 만들어야만

한다. 한 번만 길을 잘못 들고 튕겨 나가면 회복 불능이다. 현실엔 영화에서처럼 과거로 돌아갈 수 있게 해주는 '타임스톤'같은 장치가 없다. 가다 보니 이게 아니다 싶어도 수정할 수 없다. 그대로 가야 한다. 번복도 리셋도 불가능하다. 스토리가 꼬여 버린 사람에게 세상은 그리 너그럽지 않다.

그런 점에서 스토리는 바둑이다. 내 흑돌을 잘못된 위치에 놓으면 집을 몽땅 빼앗길 수 있다. 반면, 콘텐츠는 그림 그리기다. 내가 원하는 만큼 넓은 평면에 내 마음대로 점을 찍는 것이다. 잘못 찍으면 그림의 모양이 조금 이상해질 뿐이다. 내 흑돌을 모두 잡아먹히진 않아도 된다. 점을 아무렇게나 찍었다고 뭐라고 하는 사람도 없다.

김정운 작가는 처음에 '노는 것이 실력'이라더니, '아내와의 결혼을 후회한다'며 정체성에 관한 이야기를 던지다가, 《에디톨로지》를 통해 '편집이 곧 창조'라는 이야기로 건너간다. 그런데 이번에는 자기 작업실을 갖는 게 중요하다며 '공간' 이야기를 한다. 그야말로 자유분방하다. 이렇게 콘텐츠는 자유롭게 방향을 바꾸는 것이 가능하다. 콘텐츠의 스토리는 어떻게 이어져도 괜찮다. 그저 이러저러한 분야에 관심이 있어서 그와 관련한 콘텐츠를 만들었다고 하면 된다.

결과가 영 좋지 않다고 해도 크게 상관없다. 잘 되면 좋고 아니어도 괜찮다. 그만큼 위험부담이 적다는 말이고, 올인하지 않아도 된다는 말이다. 누군가는 자기 이름을 걸고 콘텐츠를 만드는 게 커리어에는 해가 될 수 있다고 생각한다. 하지만 이 역시 문제 되지 않는다. 요즘은 필명이나 닉네임으로 콘텐츠를 만드는 사람도 눈에 띄게 많아졌다. 나중에 콘텐츠가 성공하면, 그때 가서 '그거 사실 제가 만든 거예요.'라고 하면 되는 것이다.

애석하게도 내 자부심 넘치는 스토리로는 어떤 자리도 구하지 못했고, 수익도 낼 수 없었다. 하지만, 지난 3년간 나는 오로지 콘텐츠로만 수익을 만들었다. 친구들의 번듯한 연봉 수준에는 비할 바가 못 되지만 콘텐츠를 통해서 3년을 오롯이 살아낼 수 있었다. 나의 콘텐츠 자본은 시간이 지나면서 점점 쌓였고 이제는 콘텐츠가 커리어로 작동하기 시작했다.

내 스토리는 여전히 자랑스러운 나의 자산이며 소중한 경험이다. 하지만 그게 전부다. 스토리로는 대기업의 면접 자리 근처에도 갈 수가 없었다. 스토리는 내가 앉을 수 있는 빈 의자가 없을 때 도움이 되지 못했다. 하지만 콘텐츠는 앉을 수 있는 의자가 없을 때 나를 위한 의자가 되어 주었다. 대기업조차 내게 잠시 앉을 의자를 제공하게 한 것은 내 콘텐츠이지 내 스토리가 아니다. 스토리가 스펙을 이길까? 잘 모르겠다. 하지만 콘텐츠는 분명 스토리를 이긴다.

콘텐츠 자본가의 시대

SNS를 오래 사용하다 보면 체할 때가 있다. 너무 많은 자극을 받아들이다가 소화 불량이 오는 것이다. 온라인에 내 정신을 점유당하는 기분이 들던 차에, 디지털 생활을 점검하게 하는 책을 발견했다. 30대 후반의 대학교수인 칼 뉴포트 Cal Newport가 쓴《디지털 미니멀리즘》이다.

그는 이메일 외에 SNS 계정을 한 번도 만든 적이 없다고 한다. 사물마저 연결되는 초연결 시대에 SNS 계정이 하나도 없다니! 게다가 그는 활발한 사회생활을 하는 교수가 아닌가? 그런데 뉴포트의 이야기는 사실이었고,《디지털 미니멀리즘》에서 자신의 경험을 바탕으로 상당히 실용적인 조언을 한다. 이 책의 원고를 다듬는 마지막 한 달 동안 SNS를 멀리할 수 있었던 것은 그의 책 덕분이다. 그의 콘텐츠도 흥미로웠지만 이력에도 눈길이 갔다.

그의 이력은 화려하다. 다트머스대학교에 입학한 그는 철저하게 학점 관리를 해나가다가 '스터디핵스Studyhacks'라는 블로그를 개설해서 자신의 학습 방법을 공유한다. 다트머스대학교를 최우수 성적으로 졸업한 뒤 MIT에 진학해서 박사 학위를 받는다. 학위를 받고 2년 만에 그는 조지타운대학교에 교수로 지원을 하게 된다.

부지런하게도 그는 교수 임용 발표가 있기 전에 《열정의 배신》이라는 책을 썼다. 그는 실리콘밸리의 CEO들이 자주 설파하곤 하는 '열정론'을 정면으로 반박하기 위해서 이 책을 썼다. 열정론이란 '당신이 열정을 다할 수 있는 일을 찾으라.'라는 뻔한 주문을 가리킨다. 하지만, 뉴포트가 보기에는 열정이 밥 먹여주지 않았다. 그래서 그는 열정을 따르지 말고 그 대신 '커리어 자본'을 갖추라고 말한다. 그는 자신이 제공할 수 있는 희소하고 가치 있는 능력을 '커리어 자본Career Capital'이라고 정의한다. 그리고 누구도 무시할 수 없는 실력을 갖추고자 하는 장인정신을 가질 때 이 커리어 자본을 얻을 수 있다고 강조한다.

커리어 자본에 투자하라는 뉴포트의 말에는 확실히 무게가 실린다. 그는 MIT에서 박사 학위를 받았으며 30대 초반이라는 이른 나이에 조지타운대학교의 교수가 되었다. 열정을 따라가라는 말에 속지 말고, 장인정신을 갖고 커리어 자본에 투자하라는 말은 그가 성취한 커리어 자본을 생각해 보면 쉽게 수긍이 간다.

그런데 그는 동시에 하나의 자본을 더 쌓아 왔다. 그의 표현을 빌자면, '콘텐츠 자본Contents Capital'도 함께 쌓은 것이다. 대학생 때 만든 블로그 콘텐츠를 시작으로, 《열정의 배신》, 《딥워크》, 《디지털 미니멀리즘》 등의 책을 썼고, 그의 저작 가운데 일부가 베스트셀러에 오르면서 그의 콘텐츠 자본은 더욱 탄탄해졌다. 내가 뉴포트를 만날 수 있었던 이유도 교수라는 그의 직업에 있지 않았다. 그가 다트머스대학교를 나왔든, MIT를 나왔든, 어느 대학교의 교수로 있든, 내가 그의 존재를 알 길은 없다. 뉴포트의 이름을 발견할 수 있었던 이유는 단 한 가지, 바로 그의 콘텐츠 덕분이다. 나는 SNS를 과식하다가 체했고, 그로 인해 고민하던 중에 뉴포트의 콘텐츠를 발견한 것이다.

다트머스대학교에서 그의 수업을 듣는 학생들에게 뉴포트는 '교수'라는 전통적인 커리어 자본가겠지만, 내게 뉴포트는 또 한 명의 콘텐츠 자본가다. 그는 콘텐츠를 통해 또 다른 방식으로 세상에 존재하고 있다. 전통적인 커리어 자본가이면서, 콘텐츠 자본가로도 존재하는 사람은 뉴포트뿐만이 아니다. 이것은 이미 주변에 흔한 방식이 됐다. 이제는 작가를 겸한 직장인, 크리에이터를 겸한 교사, 유튜브 채널을 가진 학생들을 어렵지 않게 볼 수 있다. 전통적인 사회에서는 존재한 적이 없던 이런 콘텐츠 자본의 특성은 어떻게 설명될 수 있을까?

전통적인 커리어 자본과 내가 말하는 콘텐츠 자본. 이 두 가지를 모두 갖춘 뉴포트를 살펴보면 두 자본의 특징이 보인다. 먼저 전통적인 커리어 자본은 대표적인 경합재rival goods다. 뉴포트가 교수 자리를 차지했으니 다른 지원자는 그 교수 자리를 얻을 수 없다. 한 마디로 전통적인 커리어 자본은 싸워서 쟁취해야 하는 것이다. 또 이 자본은 위로 갈수록 끝이 뾰족해지는 피라미드를 닮았다. 위로 올라갈수록 경쟁은 치열해지며, 더 높은 포지션을 얻기 위해 삶에서 포기해야 할 것들도 늘어난다.

전통적인 커리어 자본을 얻기 위해서는 반드시 쏟아부어야 하는 치열함이 있어야 하지만 여기에는 위태로운 지점이 있다. 전통적인 커리어 자본은 시간이 지남에 따라 감가상각이 된다. 특히 다른 업계로 이직을 해야 한다면, 그간 쌓은 커리어 자본은 많이 깎여나간다. 또 정년은 줄어들었지만 평균수명이 연장되면서, 앞으로도 일해야 할 날들이 많아진 것을 고려할 때, 이 자본은 휘발성도 큰 편이다.

반면에 콘텐츠 자본은 비경합재nonrival goods다. 내가 콘텐츠 자본을 얻는다고 해서 누군가의 일자리가 위태롭게 되지는 않는다. 또 콘텐츠 자본은 본래 전통적인 커리어와는 동떨어진 곳에서 수평적으로 확장될 수 있는 자본이다. 뉴포트가 만든 6편의 콘텐츠 주제는 모두 그의 전공과목인 '분산 알고리즘'과 직접적인 관련이 없다.

콘텐츠 자본이 매력적인 가장 큰 이유는 전통적인 커리어를 갖지 못했다고 해도 콘텐츠가 커리어로 작동할 수 있다는 점 때문이다. 뉴포트는《딥워크》가 베스트셀러가 된 후, 이 콘텐츠를 토대로 여러 기업에 컨설팅과 강연 콘텐츠를 제공하고 있다. 각각의 콘텐츠가 다양한 커리어로 발전할 수 있게 만들어주는 것이다. 예전에는 커리어 자본이 전통적인 직장생활을 통해서만 획득할 수 있는 것이었지만, 이제는 콘텐츠 자본을 통해서 커리어를 만드는 길이 생겨난 것이다.

콘텐츠가 어떻게 커리어로 작동할 수 있는 것일까? 일본의 츠타야 서점을 기획한 CCC의 대표 마스다 무네아키Masuda Muneaki의《지적자본론》을 보면 힌트를 얻을 수 있다. 그의 말처럼 뭔가 만들어 낸 사람만이 그로 인한 부산물도 얻을 수 있다. 아무것도 만들지 않는 사람에게는 기대할 수 있는 결과가 없다. 0에다 어떤 수를 곱해도 0인 것을 우리 모두 잘 알고 있다.

콘텐츠는 새로운 결과를 창출한다. 콘텐츠 자본가는 콘텐츠를 만들어 세상에 내놓고, 그 콘텐츠를 매개로 세상 속에서 새로운 부가가치를 만든다. 콘텐츠가 탁월하다면 세상으로부터 매력적인 제안을 받을 것이다. 혹, 그렇지 않더라도 세상에 제안해 볼 기회라도 얻게 된다. 세상에 제안하거나 세상으로부터 제안을 받는 상황을 만든 후, 계속해서 자신의 콘텐츠 자본을 확장해나가는 것이 콘텐츠 자본가의 일이다.

나는 지난 3년간 직장인으로서 일하지 않았다. 전통적인 커리어와는 한참 먼 곳에 서 있었다. 그럼에도 콘텐츠를 나의 커리어로 전환할 수 있었다. 뉴포트의 콘텐츠에는 비할 바가 못 되지만, 그동안 쌓아온 콘텐츠 자본이 있었기 때문에 나는 살아낼 수 있었다. 콘텐츠 자본이 오고 있다. 아니, 어쩌면 이미 와 있는지도 모른다. 회사를 위해 일하기보다 세상과 자신을 위해 콘텐츠를 만드는 콘텐츠 자본가들을 찾아보는 일은 이제 그리 어렵지 않다.

게임 체인저는 스스로 데뷔한다

〈쇼미더머니〉는 힙합을 대중화한 것으로 평가되는 오디션 프로그램이다. 지난 시즌에 〈쇼미더머니777〉에서는 경쟁자를 물리친 '나플라'가 최종 우승자가 됐다. 한편, 참가자였던 래퍼 '마미손'은 1차 예선 문턱을 넘기지 못하고 바로 탈락한다. 다른 오디션 프로그램 탈락자들과 마찬가지로 마미손도 금방 잊혀질 이름인 줄 알았다. 하지만 반전이 시작됐다. 그의 탈락이 방송된 다음 날 마미손은 '소년점프'라는 곡을 유튜브에 올린다. 그의 동영상은 약 4,000만이라는 조회수를 기록했고, 이는 〈쇼미더머니777〉의 모든 영상의 조회수를 합한 수치를 몇 배는 웃도는 것이었다. 마미손은 엠넷Mnet 밖에서 대중에게 자신만의 콘텐츠를 선보였고, '마미손

신드롬'의 주인공이 됐다. 〈쇼미더머니777〉 프로그램의 우승자는 나플라였지만 진정한 승자는 마미손이었다.

나플라와 마미손의 예에서 볼 수 있는 것처럼, 커리어 모델에는 '발탁 모델'과 '제안 모델'이 있다. 발탁 모델과 제안 모델의 가장 큰 차이점은 주체가 누구인가이다. 발탁 모델은 기업에 의해 발탁되는 것이지만, 제안 모델은 자신의 제안에 의해 만들어진다. 원래 게임의 룰은 빈 의자에 누구를 앉힐지를 기업이 결정하는 것이지만, 마미손은 이 룰 밖에서 자신이 앉을 의자를 직접 가지고 나타났다. 그는 룰 밖에서 제안했고, 대중은 그 제안을 받아들였다. 그는 스스로 데뷔한 것이다.

비영리 조직에서 일할 때 동료들은 내가 에버노트를 어떻게 쓰는지 궁금해했다. 나 자신도 내용을 정리할 겸 활용법을 공유하는 시간을 가졌었는데, 반응이 나쁘지 않았다. 그러고 나서 내친김에 '위즈돔'이라는 플랫폼에 커리큘럼을 만들어서 올려 두었다. 관심이 있는 사람이 있을까 반신반의하며 올렸는데 신기하게도 연락이 왔다. 월드비전World Vision의 사내 동아리 가운데 하나인 '가나쪼꼬렛팀'에서 강의를 해줄 수 있는지 연락을 해온 것이다. 그렇게 얼떨결에 다른 조직에서 데뷔 무대를 갖게 됐다.

월드비전에서 강의하자마자 바로 유튜브 4,000만 조회 수 같은 드라마틱한 일은 일어나지 않았다. 아무 일도 일어나지 않았고 그저 하나의 해프닝에 가까웠다. 재밌는 경험이었다고 생각하며 지나갈 수도 있었지만, 문득 '다른 비영리 조직에게도 에버노트를 소개할 수 있지 않을까?'하는 생각이 들었다. 당시 내가 알고 지내던 몇몇 비영리 조직에서 일하던 분들은 디지털 도구 사용에 그리 친숙하지 않았고, 나는 그들에게 조금이나마 도움이 되지 않을까 하는 생각을 하게 되었다.

아무도 나를 찾지 않았지만 내가 먼저 그들을 찾아 나섰다. 그리고 그 후 반년에 걸쳐, 나는 비영리 조직과 비영리 활동가들을 대상으로 강의를 진행하게 되었다. 돈을 받고 한 것은 아니었지만 나의 콘텐츠가 도움이 되었다는 피드백에 힘을 얻었고, 누구도 시키지 않은 이 작업을 계속 진행해 나갔다.

가게를 오픈하거나 사업을 시작한 친구들을 종종 만나게 된다. 그들의 창업 진행 과정에 대해 들어보면 시작을 준비하는 데 모든 에너지를 쏟아붓고, 정작 어떻게 손님을 오게 할 것인지에 대한 대책은 없는 경우가 많다. 남의 실수는 늘 선명하게 보인다. 하지만 내 상황도 친구들의 상황과 별반 다르지 않았다. 2018년에 처음으로 나의 전자책 콘텐츠를 세상에 선보였다. 콘텐츠를 만들어내기만 하면 즉시 문의가 쇄

도할 줄 알았다. 나는 분명히 콘텐츠를 만들었는데 세상은 어제보다 더 고요했다. 가게에 손님이 한 명도 오지 않았을 때 친구들의 기분도 이런 것이었으리라 하는 생각이 들었다.

마음을 가다듬고 내 콘텐츠를 어디에 제안할 수 있을지 생각해 보았다. 대학교가 떠올랐다. 요즘은 많은 대학생이 예전과 달리 노트북을 필수 아이템으로 가지고 다닌다. 노트북을 사용하는 사람이라면 누구나 디지털 메모를 한다는 데 생각이 미쳤고, 학생들에게 내 콘텐츠가 도움이 될 수도 있을 거라는 생각이 들었다. 바로 전국에 있는 대학교 리스트를 뽑고 각 학교 홈페이지에 들어가서 연락처를 확인해서 엑셀 파일에 정리했다. 그러고는 무작정 200여 통이 넘는 전화를 걸어서 엉성한 나의 제안서를 소개하기 시작했다.

이것은 내게 아무런 콘텐츠가 없었다면 생각조차 하지 못했을 시도였다. 모든 과정이 매끄러웠던 건 아니다. 나만의 콘텐츠가 있다고 해도 전화를 받은 이들에게 나는 그저 이름 없는 사람이었다. 전화가 연결되고 제안을 위해 내 소개를 시작하자마자 휴대폰 너머로 들려오는 "아, 됐어요." 한 마디에 마음이 한없이 움츠러들기도 했다. 그래도 내 콘텐츠의 가치를 알아줄 누군가가 있을 것이라는 신념으로, 나 자신을 설득하며 목록에 있는 모든 학교에 전화를 걸었다.

그다음에는 좀 더 진지하게 세상에 내 콘텐츠를 제안할

방식을 고민했다. 그러다가 아예 직접 출판사를 만들기에 이르렀고, 직접 만든 출판사를 통해《생산적인 생각습관》이라는 콘텐츠를 선보였다. 아무도 나를 주목하지 않을 때도 나의 활동 무대를 만들고자 애썼다. 그렇게 여러 번 '데뷔 무대'를 갖다 보니, 드디어 세상이 나에게 제안을 해오기 시작했다. 카카오의 브런치brunch에 '커리어는 기다려주지 않는다.'라는 제목으로 글을 썼는데, 단번에 출간 제안을 받게 되었다. 이 책이 세상에 나올 수 있었던 배경이다. 만약 출간 제안을 받지 않았더라도 아마 다른 방식으로 데뷔 무대를 만드는 나의 노력은 계속되었을 것이다.

커리어 없이도 세상에 나의 자리를 만들어 갈 수 있다. 조나라의 평원군은 초나라에 사신으로 가면서 문객 20명을 모으게 된다. 19명이 모두 선발되고 마지막 한 자리가 비었을 때 모수라는 사람이 자신을 데려가라고 평원군에게 자신을 천거한다. 이 일화에서 나온 모수자천毛遂自薦은 세상에 자신을 스스로 추천하는 것을 의미한다. 나는 모수처럼 적극적으로 내 콘텐츠에 관해 소개하고, 상대에게 내가 어떤 가치를 줄 수 있는지를 끊임없이 알렸다.

세상은 나를 주목할 여력이 없다. 언제나 바쁘게 돌아간다. 모든 담당자들은 늘 너무 많은 일을 처리해야 하기 때문에 내 존재를 알아차릴 시간이 없다. 하지만 세상이 먼저 알아봐 주지 않는다고 좌절하는 것은 어리석은 일이다. 희망적인 것은 이 시대가 가치 있는 제안과 콘텐츠를 예전보다 훨씬 반기는 시대라는 것이다.

인생의 플랜 B, 콘텐츠

직장인이라면 누구나 꿈꾸지만 쉽게 입에 올리지 못하는 단어가 있다. 바로 '퇴사'라는 두 글자다. 구글 트렌드에서 '퇴사'라는 단어를 검색해보면 검색량 그래프가 2014년 즈음부터 꾸준히 우상향한다. 퇴사가 사회적으로 언급되기 시작한 2015년 무렵에, 한 퇴사자가 용감하게도 이 화두를 사회에 정면으로 던진다. 삼성전자에 다니다가 퇴사하고, 《퇴사의 추억》을 출간한 장수한 대표가 그 주인공이다.

그는 퇴사 콘텐츠를 바탕으로 '퇴사학교'를 만들기에 이른다. 자신이 회사에 다니며 고민했던 사항들을 정리했고, 커리어에 고민이 있는 사람들에게 퇴사를 원한다면 회사를 다니면서 준비하는 것이 맞다고 말한다. 아무런 준비 없이 퇴사하고 냉혹한 현실에 부딪히기보다, 사전에 안전한 방법으로 실험해볼 수 있는 학교가 필요하다고 생각했다. 그래서 그는 퇴사 이후의 삶을 준비할 때 필요한 수업을 마련하여 퇴사학교를 만들었다. 퇴사학교는 커리어 대혼란기에 미래의 일과, 일의 미래를 함께 모색해보고자 하는 교육 플랫폼이다.

운 좋게도 퇴사학교가 시작되었을 때, 내 강의 콘텐츠를 제공할 기회를 갖게 되었다. 비영리단체를 대상으로 강의를 해 온 이력 덕분에 장수한 대표가 내게 강의를 제안해 왔다. 재밌는 사실은, 퇴사학교 역시 내가 강의를 시작할 때 내 커리어에 관해 묻지 않았다는 것이다. 내 콘텐츠가 사람들에게 어떤 가치를 전달할 수 있는지에 대해서만 관심을 보였다.

들뜬 마음을 가라앉히고, 이제 돈을 받고 강의 콘텐츠를 제공하게 된 만큼 나는 그동안의 강의 콘텐츠를 정교하게 다듬었다. '내 삶을 주도적으로 만드는 에버노트 활용법'이라는 타이틀을 걸고 퇴사학교에서의 강의 여정을 시작했다. 입사한 적도 없는 내가 퇴사학교에서 강의를 하게 된 것이다.

그렇게 2년 6개월간 퇴사학교에서 강의를 했다. 적게는 1년, 많게는 20년 이상 직장 생활을 하신 분들과 함께 하다 보니 콘텐츠 내용을 계속해서 발전시켜야 했다. 그들에게 함께 성장하는 길을 제시하려면 더 단단하고 뾰족한 콘텐츠를 만들어야 했다. 더 가치 있는 무언가를 내놓으려 고심하다가 에버노트 강의 경험을 토대로, 먼저 전자책 콘텐츠인《에버노트 생각서랍 만들기》를 만들었다. 이어서 3개월 뒤에는《에버노트 생각서랍 만들기 : 실전편》을 만들었다. 두 번째 콘텐츠는 감사하게도 내 기대를 훨씬 뛰어넘을 정도로 큰 인기를 끌었고, 퇴사학교에서 자부심을 가지고 강의를 지속할 수 있게 해 주었다.

위의 두 가지 콘텐츠를 만들면서 새롭게 알게 된 지식과 정보는, 다음 강의 콘텐츠의 재료가 되어 주었다. 다음 강의로 4주간 자신만의 콘텐츠를 발굴하고 만들어 보는 수업을 준비했다. 자신의 콘텐츠를 만들고 싶어 하는 사람들에게 스스로를 '콘텐츠 크리에이터'로 자각할 수 있도록 돕고, 콘텐츠를 만들기 위해 필요한 지식을 전달하는 내용의 강의였는데 좋은 반응을 끌어냈다. 1년 동안 강의를 진행하며 얻은 이 경험은《생산적인 생각습관》이라는 콘텐츠로 만들어서 세상에 내놓았다. 이처럼 퇴사학교와 함께 하는 동안 계속해서 나만의 성장 방식을 만들어나갔다.

마지막 수업을 마치고 나면 항상 수강생들과 퇴사학교 근처 카페에 가서 이야기를 나눴다. 사실 이 시간이 아니면 회사에 다니는 사람들이 무슨 생각을 하며 살고 있는지 알 길이 없었다. 다양한 연차의 직장인들은 모두 자신만의 사연과 고민, 그리고 의욕을 가지고 있었고 직업군도 정말 다양했다. 방송작가, 연구원, 디자이너, 마케터, 독서 지도사 등 각기 다른 분야에서 자신만의 치열한 싸움을 하고 있었다.

이들 모두가 적극적으로 퇴사를 염두에 둔 것은 아니었다. 한 발은 회사에 디딘 채로, 인생의 플랜 B를 준비하는 분들이 대부분이었다. 그들이 원하는 플랜 B 준비에는, 콘텐츠 갖추기, 부업, 투잡, 퍼스널 브랜딩 등이 많은 부분을 차지했다. 또 막연한 마음으로 수업을 신청하는 수강생도 적지 않았는데, '이대로는 안 될 것 같아서' 또는 '변화가 필요해서' 같은 생각 때문이었다.

그때 나는 내심 회사에 다니는 그들이 부러웠는데, 그들 가운데 몇몇은 콘텐츠를 가진 나를 부러워했다. 이렇게 서로를 부러워하며 대화를 나눌 때마다 비슷한 사실을 확인했다. 회사 밖에 있든, 회사 안에 있든, 자아실현을 위해서든, 생존을 위해서든, 자의든, 타의든, 우리는 앞으로도 끊임없이 커리어를 둘러싼 고민을 계속할 거라는 것이다.

'콘텐츠를 만들어 커리어를 만든다.'라는 나의 방법이 모든 이에게 정답이 될 순 없다. 하지만 세상이 많이 바뀌었다. 이전에는 대단한 커리어를 쌓은 사람들에게만 콘텐츠를 만들어서 세상에 내놓을 기회가 주어졌다. 하지만 이제는 콘텐츠를 쌓아서 커리어를 만든 사람들이 많이 생겨나고 있다.

종종 회사에 다니고 있는 친구들에게 콘텐츠를 만들어 두라는 이야기를 한다. 회사 생활 자체만으로도 힘들다는 것을 잘 알지만, 콘텐츠가 커리어에 든든한 자산이 되는 것을 많이 봤기 때문이다. 또 비슷한 이유로 종종 대학생 후배들을 만나게 되면 콘텐츠를 만들라고 이야기한다.

여전히 나는 적을 두고 있는 회사가 없다. 내게는 전통적인 의미의 커리어가 없다는 의미다. 하지만 내가 만난 새로운 세상은 나도 커리어를 가질 수 있다고 말해 주었다. 제대로 된 직장도, 사회에서 나를 끌어줄 선배도, 인맥도, 자본도 아무것도 없을 때 스스로를 지키는 방법으로 콘텐츠를 선택했다. 꾸준히 콘텐츠를 만들어서 이를 매개로 세상에 제안하고, 또 세상으로부터 제안을 받으면서 서서히 내 콘텐츠는 커리어로 작동하기 시작했다. 나의 선택은 커리어 여정을 이어가게 해 주었다.

이 여정이 유효한 이유는 세상이 콘텐츠 자본을 가진 사람들에게 새로운 커리어를 열어주고 있기 때문이다. 이 혹독한 커리어 혼돈의 시대에 정답이 있을지 의문이다. '콘텐츠를 만들어서 커리어로 전환한다.'는 내가 발견한 방법 또한 결코 유일한 해답일 수 없다. 그러나 세상은 빠르게 변하고 있다. 그리고 그 변화는 더 많은 콘텐츠를 세상으로 불러낼 것임에 분명하다.

2장

곤도 마리에는 어떻게 정리 전문가가 됐을까?

변화, 그 공포의 얼굴

말똥이 문제였다. 1800년대 후반 런던, 뉴욕 같은 대도시에는 마차 교통량이 급격하게 증가했다. 마차의 증가는 말의 개체 수가 늘어났음을 의미했다. 당시의 미래학자들은 교통량 증가 추이를 바탕으로 미래를 내다보았다. 이들은 폭발적으로 증가하는 말의 숫자 때문에 압도적인 양의 말똥이 도시를 뒤덮을 것으로 예측했다. 이미 감당이 안 될 정도의 말똥이 도시의 숨통을 조이고 있었기 때문에, 100년 뒤에는 뉴욕이란 도시 자체가 존재하지 않을 것으로 보았다. 이때의 위기감은 당시 등장한 '말똥 대위기The great horse manure crisis of 1894'라는 표현에 잘 드러난다.

하지만 그들은 잘못 짚었다. 뉴욕은 사라지지 않았다. 대신, 말과 말똥 그리고 마부와 마차가 전부 사라졌다. 마차의 자리는 포드를 필두로 한 대형 자동차 제조업체들이 차지했다. 그리고 지금은 말똥이 아닌 자율주행이 난리다. 구글의 '웨이모Waymo'를 대표 주자로 하는 IT업체, 신생 공유 자동차 업체 그리고 전통적인 자동차업체까지 모두가 이 새로운 산업의 판도가 어떻게 전개될지 신경을 곤두세우며 지켜보고 있다.

시간이 흐른 뒤에 과거의 예측을 비웃는 건 쉬운 일이다. 하지만 2019년을 살아가며 느끼는 것은, 말똥으로 인한 대위기처럼 빗나간 예측에 대해 더 이상 쉽게 비웃을 수 없다는 것이다. 우리 삶에 일어나는 너무 많은 변화를 목도하기 때문이다. 자산운용회사인 블랙록BlackRock의 보고서에 의하면, 100년 안팎에 출현한 신기술이 미국 내에 정착되는 속도가 점점 빨라지고 있다고 한다. 1900년대부터 1930년대 사이에 등장한 전화기, 전기, 자동차, TV 등은 적어도 40~50년에 걸쳐 미국에 정착되었다. 1970~80년대에 등장한 신용카드와 전자레인지는 약 20년 이내에 정착되었고, 90년대 말부터 등장한 PC, 인터넷, 스마트폰, SNS 등은 정착되는데 20년이 채 걸리지 않았다. 특히 지난 20년 동안에는 우리의 일상을 송두리째 바꿀 만한 기술들이 쉴 새 없이 쏟아지고 있다. 기술이 등장하는 주기마저 점점 짧아지고 있다.

변화는 더는 먼 나라 이야기가 아니다. 우리 삶과 너무도 밀접해졌다. 불과 몇 년 전 한국에 상륙한 유튜브는 일상의 모습을 바꾸고 있다. 새로운 기술이 일상에 깊숙이 침투하게 된 오늘을 누구도 예상하지 못했다. 그러다 보니, 이제 변화에 대응하는 것은 개인이나 기업 모두에게 큰 과제가 되었다. 어린 자녀를 가진 부모들은 스마트폰을 손에서 떼지 않는 아이들의 손목 건강과 목 디스크 그리고 ADHD를 걱정하게 되었다. 교육 현장도 마찬가지다. 기술 혁신으로 인해 앞으로 어떤 일자리가 사라지고, 어떤 일자리가 생겨날지 모르는 상황에서 진로 지도를 해야 한다. 스마트폰의 폭발적인 보급으로 인해 기업들은 소비자에게 다가가기 위해 모바일 친화적인 방식으로 사업 방향을 급격하게 전환해야 했다. 지난 2년 새, 국내 기업들이 모바일 광고에 쓰는 돈은 TV 광고에 쓰는 비용을 앞질러 버렸다. MIT 미디어랩의 수장인 조이 이토Joi Ito는 그의 저서 《나인》에서 말한다. 변화는 우리가 준비되었는지 아닌지 따지지 않으며, 변화의 속도는 이미 지난 세기말 어느 지점에서 인류를 앞질렀을 거라고.

변화는 어느새 공포의 얼굴로 다가왔다. 기업에서는 이 공포를 '뷰카VUCA'라고 부른다. 미 육군 대학원에서 처음 사용되었던 뷰카는 변동성Volatility, 불확실성Uncertainty, 복잡성Complexity, 모호성Ambiguity의 첫 글자를 조합한 것으로, 처음에는 군사적인 의미로만 사용되었지만 911테러 이후 보다 광범위한 영역에서 사용되고 있다. 요즘에는 특히 변수로 가득한 기업 환경의 어려움을 잘 드러내는 말로 사용되고 있다.

기업들은 이런 환경에 어떻게 대응하고 있을까? 요즘의 많은 기업이 '애자일Agile' 경영 방법론을 그 대책으로 보는 것 같다. 애자일은 1990년대 중반 미국의 소프트웨어 개발 업계에서 등장한 개념이다. 당시 소프트웨어의 주된 개발 방법론은 계획 주도 방식이었다. 계획을 세우고 그에 따라 꼼꼼하게 개발을 진행하는 워터폴waterfall방식이었다. 그런데 변동성이 급격하게 커져 가는 시장 상황 때문에 계획 주도 방식은 극복해야 할 개념이 되었다. 일이 사전에 계획한 대로 흘러가지 않게 된 것이다. 그로 인해 새로 고안된 개념이 애자일 방법론이다. 불확실성이 높은 상황에서 리스크를 줄이고 유연하게 대응할 수 있는 애자일 방법론은 점차 소프트웨어 개발 업계를 넘어서 널리 사용되기 시작했다.

변화는 남의 일이 아니었다. 마지막으로 조직 생활을 했던 광고기획사는, 내가 회사를 나오고 2년 뒤에 문을 닫았다. 내가 마지막으로 기억하는 회사의 모습은 40여 명의 직원이 열심히 일하고 있는 것이었다. 변화는 가혹하다. 개인이 정규직이냐, 비정규직이냐를 놓고 치열하게 고민하는 동안 기업은 존폐를 놓고 고민한다. 나와 내 주위 상황을 지켜보면서 나는 변화에 더욱 민감하게 반응할 수밖에 없었다. 급격한 변화는 더는 먼 나라 이야기가 아니다.

《김상욱의 양자 공부》로 잘 알려진 김상욱 교수가 강연에서 재밌는 이야기를 했다. 오랫동안 도시에서만 살아온 탓에 우리가 '어둠은 빛이 부재한 상태'라는 거대한 착각 속에 살고 있다는 것이다. 그에 의하면 오히려 빛은 어둠이 부재한 상태라는 것이다. 우주의 대부분은 암흑이며, 빛은 우주 전체로 보면 오히려 예외적인 존재라는 것이다. 거리의 불빛이 꺼지지 않는 도시에서만 살아가다 보니 우리는 우주의 상식을 거꾸로 바라보게 되었다.

우리는 변화에 대해서도 이처럼 반대로 인식하고 있는지 모른다. 변화 자체가 원래 상수다. 변화는 예외적인 게 아니다. 인류의 역사가 곧 변화에 대응하여 적응해온 여정이었다. 이제는 변화가 상수라는 사실을 인정할 수밖에 없게 되었다. 변화가 언제 어디서 어떻게 일어날지도 모르고, 그것이 내 삶에 어떤 밀접한 영향을 줄 것인지도 예측하기가 쉽지 않다. 기업이 혼돈 앞에서 애자일 방법론을 도입했듯이 변화 앞에 선 개인에게도 대응 전략이 필요하다.

곤도 마리에는 어떻게 정리 전문가가 됐을까?

미국에서 시작된 재미있는 프로젝트가 있다. '프로젝트 333'이 바로 그것인데, 이 프로젝트는 3개월간 33벌의 옷으로만 생활하는 챌린지형 프로젝트다. 내 기준에는 한 계절에 33벌도 많다고 생각되지만, 이 프로젝트는 분명 미국의 '미니멀리스트'들이 주도하고 있다. 인류 역사상 가장 많은 소비가 일어나고 있는 미국에 미니멀리즘 열풍이 불고 있다. 이 흐름과 절묘하게 맞물려서 미국에 콘텐츠를 수출한 전도유망한 기업가가 있다. 일본의 정리 컨설턴트 곤도 마리에Kondo Marie 이야기다.

마리에는 그녀의 이름을 딴 '곤도잉Kondo-ing'이라는 신조어를 미국에 유행시키며 미니멀리즘 신드롬의 중심에 서 있다.

그녀가 하는 일은 간단해 보인다. 그녀는 클라이언트의 집에 넘쳐나는 온갖 물품을 모두 꺼내서 새로 위치를 잡아주고 정리를 돕는다. 미니멀한 라이프스타일을 위한 물건 정리법도 알려준다.

넷플릭스Netflix에는 '곤도 마리에 스페셜'이 올라와 있는데, 흥미로운 장면이 나온다. 마리에는 정리를 시작하기 전에 클라이언트와 함께 집과 대화를 나누는 명상의 시간을 갖는다. 또 클라이언트에게 버릴 물건을 끌어안고 작별 인사를 하라고 시킨다. 선뜻 납득이 안 되는 행동이다. 어쩌면 미국인의 시선에는 일본의 미니멀리즘에 뭔가 더 신비로운 요소가 숨어있다고 생각하는지도 모르겠다.

마리에는 2016년에 '〈타임Time〉이 선정한 세계의 영향력 있는 인물 100인'에 꼽히기도 했다. 그 해에 일본인 중에는 단 두 사람이 선정되었는데, 그중 한 사람이 마리에고 다른 한 명은 무라카미 하루키Murakami Haruki였다. 이쯤 되면 그녀는 정리 컨설턴트로 세계적인 전문가가 되었다고 할 만하다.

마리에는 어떻게 정리 전문가가 됐을까? 그녀는 어려서부터 정리정돈에 남다른 관심이 있었다. 다다미방에서 잡지 정리를 했던 5살 어린이는 자라면서 주위 친구들과 이웃들의 물건 정리를 돕기 시작했다. 19살 때 정리를 도와주며 용돈을 벌기 시작한 것이 그녀의 커리어의 시작이었다. 내 주위에도 정리를 잘하는 사람은 꽤 많다. 그런데 왜 마리에처럼 유명해지지는 않는 걸까? 내 동생만 해도 물건 정리를 할 때 군대에서나 보던 정확한 각과 색깔 맞춤을 구사한다. 너저분한 책장도 동생의 손을 거치면 말끔해진다.

마리에와 내 동생을 구별하는 것은 결국 '누가 콘텐츠를 만들었는가?'이다. 일본에서는 10권이 넘는 그녀의 책이 출간되었고, 국내에도《설레지 않으면 버려라》를 비롯하여 5권 정도의 번역서가 출간되었다. 정리를 잘하는 사람은 많지만, 그들 모두가 콘텐츠를 만드는 것은 아니다. 마리에는 계속해서 자신의 콘텐츠를 만들었고, 사람들이 그녀의 '곤마리 방법KonMari method'을 열심히 찾아보도록 만들었다. 이제 대중은 그녀에게 전문가의 권위를 부여했다.

내 경우도 이와 비슷하다. 강의 요청을 받고 가는 곳에서, 나는 '기록 전문가' 혹은 '디지털 기록 전문가'로 불린다. 처음에는 그저 디지털 공간에서 내 기록을 잘 관리하고 싶었다. 에버노트를 활용해서 내 자료를 잘 정리하게 되니 다른 사람들에게 도움을 줄 수 있었다. 몇 년 사이에 디지털 공간은 사람들에게 필수적인 작업 공간이 되었다. 자연스럽게 디지털 공간에서의 기록 역시 잘 보관하고 관리해야 할 필요가 생긴 것이다. 그렇지만 방법을 배울 수 있는 채널이 많지 않았고, 모두에게 정답이 되진 않겠지만 내 콘텐츠를 알아보고 연락을 주시는 분들 덕분에 나는 여러 곳으로부터 제안을 받게 되었다.

곤도 마리에보다 물건 정리를 잘하는 사람은 한둘이 아닐 것이다. 마찬가지로 기록 관리를 나보다 잘하는 사람도 무수히 많을 것이다. 나보다 더 뛰어난 기록 방법을 가진 사람들도 많이 만나 보았다. 하지만 중요한 것은 그들 모두가 그것을 콘텐츠로 만들지는 않았다는 점이다. 사실 마리에나 나의 방식은 단지 한 가지 길을 보여줄 뿐 모든 이들에게 정답이 될 수는 없다.

콘텐츠는 그런 것이다. 정답이 없다. 그런데 마리에와 나의 콘텐츠가 대중으로부터 '반응'을 얻을 수 있었던 이유는 무엇일까? 그 이유로 나는 변화를 꼽는다. 미국의 소비문화가 지금 같은 수준에 이르지 못했을 때는 정리할 게 없었다. '정리'라는 개념도 그다지 많이 필요하지 않았다. 하지만 수십 년의 시간이 흐르는 동안, 산업은 몰라볼 정도로 성장했고, 세상에는 물건들이 쏟아졌다. 미국의 가정마다 필요 없는 물건들이 쌓이기 시작했다. 정리는 이렇게 꼭 필요한 개념이 되었다. 마찬가지로, 디지털 시대가 도래하지 않았다면 나의 디지털 기록 관리 콘텐츠도 세상에 나오지 못했을 것이다.

급격한 변화 앞에서는 완벽하게 준비된 전문가가 없다. 존재조차 하지 않았던 영역인데 어떻게 20년의 전문성을 가진 사람이 있을까? 이전에 없었던 영역에서 전문가가 되려면, 해당영역과 관련된 콘텐츠를 꾸준히 만들면 된다. 사람들도 확실한 정답이 있을 거라고 기대하진 않는다. 그저 조금이라도 덜 헤매기를 원한다. 새로운 분야를 살펴볼 때 반걸음이라도 먼저 진입한 사람이 없는지 살펴볼 뿐이다.

데 팍토De facto라는 라틴어 단어는 콘텐츠 자본의 이러한 속성을 잘 설명해 준다. 데 팍토는 법적으로 공인된 사항은 아니지만 실제적으로 존재하는 사례를 의미한다. 공인되진 않았지만, 사실상 전문가로 인정되는 것이다. 실례로 곤도 마리에는 자신의 회사를 기반으로 '곤마리 컨설턴트 과정KonMari consultant training'을 만들었고, 이제 다른 사람들을 공인된 컨설턴트로 만들어주고 있다. 공인될 수 없는 영역에서 전문가가 되었고, 이제는 남들을 공인해주는 역할을 하고 있는 것이다.

정답이 없는 영역은 점점 넓어지고 있다. 다시 말하면 콘텐츠가 기여할 수 있는 영역이 점점 많아지고 있다는 것이다. 그리고 세상에는 점점 더 많은 콘텐츠가 쏟아지기 시작했다.

변화가 새로운 콘텐츠를 잉태한다

소비문화가 지금 같은 수준으로 자리 잡지 않았다면, 정리할 물건도 없었을 것이고 곤도 마리에의 콘텐츠도 탄생하기 어려웠을 것이다. 마찬가지로 디지털 시대가 오지 않았다면《에버노트 생각서랍 만들기》도 탄생하지 못했을 것이다. 변화가 없었다면 만들어지지 않았을 콘텐츠들이다.

마리에가 어질러진 방에 질서를 잡아주는 것처럼 사람들은 혼돈에 질서를 부여하기 원한다. 김정운 작가는 '사람들은 생각의 추가 무게 중심을 잡기를 바란다.'라고 말하며, 장 피아제Jean Piaget의 '평형화equalibration'를 소개한다. 그의 지적처럼 사람들은 혼돈을 그냥 두는 것을 불편하게 여긴다. 머릿속과 마음속에 설명되지 않는 혼돈 상태를 그대로 두고 싶어

하지 않는다.

사람들은 변화 앞에서 자신만 혼란스러워하는 건 아닌지 불안해한다. 스마트폰은 많은 재미를 줬지만 동시에 많은 시간을 앗아갔으며, 동영상 시대는 너무도 빨리 왔고, 볼거리가 늘었지만 피로감도 심해졌다. 모두가 이렇게 미묘한 변화를 느끼고 있다. 일상에 찾아온 여러 혼돈 앞에서 나만 그런 건 아닌지 불안감을 느낀다. 그리고 그 불안감은 관련 콘텐츠를 찾게 만든다.

콘텐츠를 만들 때는 거꾸로 접근하면 된다. 사람들이 어떤 혼돈 속을 걷고 있는지 보면 된다. 그리고 그 문제를 주목하고 정리하면 된다. 새롭게 부상한 문제에 대해서는 누구도 완벽한 답을 줄 수 없다. 정리된 혼돈을 이야기할 뿐이다. 그러니 혼돈을 다시 바라보자.

아직 질서가 잡히지 않은 혼돈은 얼마나 많은가. AI의 등장이 예고된 상황에서 커리어 개발을 어떻게 해야 할 것인가? 갑자기 도래한 100세 시대에 인생 후반기를 어떻게 준비할 것인가? 1인 가구는 돈 관리와 생활 관리를 어떻게 해야 하는가? 밀레니얼 세대를 어떻게 이해할 것인가? 직장 내 세대갈등을 어떻게 풀 것인가? 수많은 혼돈에 맞서서 누군가는 이미 콘텐츠를 준비하고 있다. 그들은 자기 삶에 찾아온 혼돈을 어떻게 줄여나갈지 먼저 치열하게 고민한다. 그 고민의 흔적은 콘텐츠가 되어 세상에 등장하게 된다. 이렇게 콘텐츠는 혼돈을 질서로 다듬어가는 과정에서 만들어진다.

이것이 현재 콘텐츠가 쏟아지는 이유이고, 앞으로도 더 많은 콘텐츠가 쏟아져야 할 이유다. 내 주변에 혼돈이 있다면 거기에 다음과 같은 질문을 해 보자. '그러면 여기엔 어떤 콘텐츠가 필요할까?', '나와 비슷한 혼돈에 맞닥뜨린 사람에게는 어떤 콘텐츠가 필요할까?' 이 질문으로부터 어떤 콘텐츠를 만들어야 하는지에 대한 힌트를 얻을 수 있다.

변화는 균열을 가져온다. 과거에서 미래로 나아갈 때 생기는 균열에 대해 콘텐츠가 접착제 역할을 하며 혼돈을 줄여준다. 균열이 생기는 곳마다 콘텐츠가 필요하다. 변화의 속도가 그 어느 시대보다도 빠른 요즘은 그 틈을 메꾸어 줄 훨씬 더 많은 다양한 콘텐츠가 필요하다. 혼돈 속에서 점차 질서로 사람들을 안내하는 것, 그것이 바로 콘텐츠의 일이다.

이러한 콘텐츠의 역할에 대해 내게 힌트를 준 것은 다산 정약용의 창조 정신이다. 200년 전 그의 작업 방식에는 시대를 뛰어넘는 통찰이 깃들어 있다. 다산이 활동하던 18세기 조선은 2019년만큼은 아니지만, 당시로서는 급격한 변화가 있었다. 청나라 시대에 발간된《사고전서》를 비롯해서 백과사전류의 책들이 빠르게 조선에 유입된 것이다.《다산 선생 지식경영법》을 저술한 정민 교수는 이런 상황이 당대 조선 지식인들에게 큰 충격을 주었고, 그 시대가 쏟아지는 정보와 지식을 정리하고 수집하는 특징을 갖게 했다고 한다.

엄청난 정보의 범람 앞에서 다산 정약용은 어떤 정신을 발휘했을까? 다산은 위국애민爲國愛民의 가치를 실현하기 위해 모든 변화를 활용했다. 실용적인 세계와는 거리가 있던 조선 백성들의 삶이 더 나아질 수 있도록 만드는 저술 작업을 시작했다. 그 모든 작업은 변례창신變例創新의 정신으로 요약된다. 즉 옛것을 참고해서 새것을 만든다는 것이다. 과거에서 필요한 것을 취하여 '지금, 오늘' 필요한 책을 만드는 것. 그 정신이 다산의 18년 유배지 세월에 모두 녹아 있다.

다산의 변례창신의 정신은 시대의 흐름에도 마모되지 않은 창조 정신이다. 오히려 지금 같은 변화의 시대에 더욱 빛을 발하고 있다. 변화에 맞추어 콘텐츠를 만들고 나 자신을 새롭게 변화시켜 성장하는 것, 이것이 그의 탁월함을 접한 후에 내가 발견한 콘텐츠의 역할이고, 변화에 맞서는 나만의 대응전략이 되었다.

새 부대에는 새 술이 담겨야 한다. 변화된 오늘을 충분히 설명해 주지 못하는 콘텐츠는 더 이상 선택받지 못한다. 낡은 관점으로 만들어진 콘텐츠는 더 이상 변화된 오늘을 이해할 수 있도록 돕지 못한다. 빠르게 변화되는 세상이 새 부대라면 그에 합당한 새 술인 콘텐츠가 담겨야 한다.

시대를 읽어내는 일은 예전에는 일부 전문가에게 맡겨졌지만 이제 더는 전문가 또는 정부나 기업, 학교의 일만은 아니다. 변화의 시대를 살고 있는 모두의 일이 되었다. 콘텐츠를 만드는 일은 변화의 길목에 있는 당신의 일일 수도 있다. 처음에는 변화를 관찰하는 것으로 콘텐츠를 조금씩 시작할 수 있다. 그러려면 우선 내가 서 있는 변화의 길목이 어디인지를 파악해야 한다.

시야가 달라져야 변화가 보인다

몽골에서 올레길을 처음 걸어 보았다. 제주에만 올레길이 있는 게 아니었다. 일본에는 규슈 올레길과 미야기 올레길이, 몽골에는 몽골 올레길이 있다. 다른 나라에서도 올레길을 만날 수 있게 된 건 사단법인 '제주올레'의 큰 기여 덕분이다. 2017년 운 좋게도 몽골 올레길 개장 행사에 갈 수 있었다. 광활한 사막 위에 나란히 펼쳐진 구름 외에는 아무것도 보이지 않는 올레길을 걷다 보니 신비롭고 황홀한 감정마저 들었다.

'시력이 미치는 범위'라는 뜻을 가진 '시야視野'의 한자를 살펴보면 '들을 본다'는 의미임을 알 수 있다. 몽골의 끝없이 펼쳐진 대지는 저 너머를 보게 만드는 힘이 있었다. 몽골의 언덕에 서니 내 시야는 더 먼 곳으로 시원하게 뻗어 나갔다.

시야를 가로막는 게 아무것도 없는 몽골의 올레길에서 한국이 떠올랐다. 한국에서의 내 시야는 스마트폰 화면과 컴퓨터 모니터 크기에 맞추어져 있었다. 13인치의 노트북 화면과 6인치의 스마트폰 화면을 통해서만 세상을 바라보고 있던 것이다. 화면 밖의 세상으로 시선을 돌릴 일은 거의 없었다. 몽골에서 나는 그 좁은 시야를 완전히 벗어나는 경험을 할 수 있었다.

올레길을 만들었던 '제주올레' 서명숙 이사장은 어땠을까? 오랜 기자 생활을 끝낸 2006년, 서명숙 이사장은 산티아고 순례길로 향한다. 전 세계인들과 순례길을 걷는 동안 그녀는 내내 자신의 고향 제주가 눈에 밟혔다. 시선을 붙잡을 만한 풍경이라고는 없는 밋밋한 산티아고 순례길보다 볼거리가 훨씬 풍부한 제주야말로 이런 길이 더 필요하다는 생각을 했다.

그런 생각을 하며 순례길을 걷는데, 한국을 방문한 적이 있다는 영국인 해니가 말을 건넨다. 그는 '한국은 미친 나라고, 서울은 끔찍한 도시'라며, 한국이야말로 이런 길이 필요하지 않겠냐고 한다. 그 한 마디가 결정타였다. 그녀는 저 먼 스페인에서 제주 올레길을 만들 결심을 하고, 한국에 돌아오자마자 본격적으로 구상을 시작한다.

처음엔 순례길이 그녀의 시야에 들어왔다. 그것을 통해 새로운 관점을 갖게 되고, 결국은 이전에 없던 길을 만드는 데 자신의 인생을 걸게 되었다. 그녀에게 일어난 급격한 전환은 '조망 효과overview effect'라고 볼 수 있다. 이것은 우주에서 지구를 보고 난 후에 일어나는 가치관의 변화를 일컫는 말이다. 우주 비행사의 눈에 지구는 끝없이 펼쳐진 암흑의 공간에 놓인 작은 점으로 다가온다. 그들은 발을 딛고 평생을 살아온 지구를 완전히 새로운 눈으로 다시 보게 되는 것이다. 그리고 나중에 지구에 귀환할 때 인생관에 커다란 전환이 있게 된다고 한다.

시야가 달라지면 생각이 달라지고, 변화가 일어난다. '시야'에는 관점과 행동도 바꾸게 하는 힘이 있다. 나 역시 몽골 올레길을 걸으면서 '무엇을 볼 것인가?', '무엇을 볼 때 내 관점이 바뀔 것인가?' 하는 중요한 질문을 하게 되었다.

톰 크루즈가 심취해 있는 것으로 알려진 사이언톨로지라는 신흥 종교에 관한 다큐멘터리를 본 적이 있다. 이 종교에 의해 자식을 잃은 부모를 인터뷰하는 장면이 있었는데, 차마 끝까지 볼 수가 없었다. 이 종교의 신도들이 자신들의 자녀를 세상으로부터 철저히 차단했기 때문에 그 부모는 자녀를 다시는 만나지 못했다고 한다. 사이비 종교와 다단계 조직은 흔히 그 추종자와 조직원의 시야를 철저하게 관리하는 것으로 알려져 있다.

인터넷이나 스마트폰의 사용을 통제하고, 주변과 연락을 끊게 만들어서 아무것도 보지 못하게 만든다. 사람들의 시야를 극단적으로 좁혀서 그 조직의 허무맹랑한 사상만을 바라보게 만드는 것이다. 그렇게 잘못된 길에 들어선 사람들은 올바른 시야를 서서히 잃고, 자신에게 일어난 변화를 감지하는 능력조차 잃어버린다. 심리학 용어 가운데 '가스라이팅gaslighting'이라는 말이 있다. 이것은 상황 조작을 통해 타인의 마음에 스스로에 대한 의심을 불러일으켜 현실감과 판단력을 잃게 만들어서 그 사람을 정신적으로 황폐화되게 한 후 지배력을 행사하여 결국 그를 파국으로 몰아가는 것을 의미한다. 범죄자들은 이 방법을 악용해서 서서히 피해자의 시야를 어둡게 만들고 판단 능력을 상실하게 만든다. 시야를 빼앗기면 생각도 불능이 되고, 결국에는 행동마저 통제받는다.

정규직으로 취업하려는 시도가 계속 실패했을 때, 내 시야는 극도로 좁아져 있었다. 내가 들어갈 수 있는 세상의 모든 '빈자리'에만 집중했다. 하지만 취업과는 무관했던, 비영리단체 직원들을 대상으로 한 디지털 도구 강의를 시작하면서 시야가 서서히 바뀌어 갔다. 내가 들어갈 수 있는 기업의 빈자리만 찾으며, 남들은 어떻게 살아가는지 아무 관심도 없던 나의 시야가 바뀌게 된 것이다.

새롭게 열린 시야는 많은 것을 보게 해 주었다. 사람들은 디지털 시대를 황급히 쫓아가느라 분주했다. 따로 시간을 내서 필요한 것을 배우기에 사람들의 일상은 너무도 바빠 보였다. 기업 역시 시대의 변화에 적응하느라 구성원을 일일이 끌어줄 수 없는 것처럼 보였다. 디지털 도구 사용의 어려움으로 인해 사람들이 겪는 곤란함이 눈에 들어오기 시작했다.

이처럼 시야가 바뀌어 가는 동안 콘텐츠를 통해 세상에 기여하는 방법이 있다는 것을 자연스럽게 알게 되었다. 내가 기여하고 싶은 영역이 눈에 들어왔고, 거기서 할 수 있는 새로운 역할을 시도하기 시작했다. 시야가 바뀌면 이전에 하지 못한 생각을 할 수 있게 된다. 그러면 이전엔 하지 못한 행동도 할 수 있게 된다. 시야가 바뀌면서 점차 변화가 찾아왔다. 소설《듄》에는 뛰어난 혈통을 물려받은 폴이라는 인물이 나온다. 그는 '멜랑제'라는 특수 물질의 도움으로 선조들의 기억을 유지하게 된다. 폴은 신이 되기 직전 단계까지 가는데, 이때 비전Vision을 얻게 된다. 눈앞에서 터진 폭탄 때문에 그는 시력을 잃었지만 비전 덕분에 모든 것을 볼 수 있었다. 언젠가는 시야를 넘어 비전으로 가는 그 길을 나도 기대해 본다.

길을 만드는 사람들

마차는 사라지고, 자율주행차가 등장한다. 개인용 컴퓨터, 스마트폰, 각종 SNS와 유튜브도 나타나서 우리 삶을 극적으로 바꿔놓는다. 이런 변화는 왜 일어날까? 그것은 그러한 변화를 일으키는 사람들이 있기 때문이다. 그들은 먼 미래에나 일어날 법한 일을 내일이라도 당장 일어날 수 있을 것처럼 변화를 앞당기는 사람들이다. 그렇게 우리는 누군가 상상했던 미래에 살게 되었다. 누구보다도 비전이 가득한 이 사람들은 종종 '기업가Entrepreneur'라는 이름으로 불린다.

영화 〈아이언맨〉의 감독이었던 존 패브로Jon Favreau는 2007년 촬영 준비를 위해 LA에 있는 어느 격납고를 빌린다. 항공우주 방위산업의 하청업체가 실제로 사용했지만, 오랫동안

방치되었던 그 격납고는 영화 촬영을 위한 제작 사무실로 쓰였다. 로버트 다우니 주니어는 이 현장 덕분에 주인공인 토니 스타크 역에 몰입할 수 있었다. 그는 이 격납고에서 16km 떨어진 곳에 일론 머스크Elon Musk라는 기업가가 비슷한 산업단지를 지었다는 소문을 듣게 된다. 성공한 기업가 토니 스타크 역에 깊이 몰입하기 위해, 그는 스페이스엑스SpaceX 본사를 찾아간다. 그리고 아이언맨의 실존 모델로 잘 알려진 머스크를 직접 만나게 되는데, 머스크를 자신의 아이디어에 몰입하여 온몸을 불사르는 사람이라고 회고했다.

다우니의 표현대로 머스크는 10살 때 컴퓨터를 접한 이후부터 위대한 아이디어에 사로잡힌 삶을 살아왔다. 동생 킴벌 머스크Kimbal Musk와 함께한 인터넷 사업을 시작으로, 나중에 '페이팔Paypal'로 이름을 바꾼 '엑스닷컴X.COM'을 창업했으며, 지금은 전기차를 생산하는 '테슬라Tesla'의 CEO와 지구 밖으로 로켓을 띄우는 스페이스엑스의 CEO를 겸하고 있다. 그는 멀지 않은 미래에 인류를 화성으로 이주하게 하겠다는 원대한 비전을 실현해가는 중이다. 사람들은 기업가의 비전을 들으면 경악한다. 말도 안 되는 허무맹랑한 이야기라고 깎아내린다. 하지만 시간이 흐르고 나면, 기업가의 '허무맹랑한' 비전이 현실이 된 세상을 당연하게 여기며 살아간다.

머스크의 비전은 우주로만 향한 것이 아니다. 그는 180

억을 들여서 세계 최대 비영리 벤처 재단인 '엑스프라이즈XPRIZE'를 설립한다. 이 재단은 2014년에 '글로벌 러닝 엑스프라이즈Global Learning XPRIZE'를 개최했는데, 이 대회는 전 세계 2억 5,000만 명에 이르는 문맹 아동에게 가장 효과적이고 확장 가능한 디지털 학습 해결책을 제시한 팀을 선발하는 교육 소프트웨어 개발 대회였다.

엑스프라이즈는 아프리카에서 진행된 15개월간의 현장 검증을 거쳐서, 지난 5월 최종 우승자를 선정했다. 머스크에게 우승 트로피를 받은 두 팀 가운데 한 팀이 바로 한국의 교육 스타트업인 '에누마'였다. 게임회사 출신의 이수인, 이건호 공동대표가 만든 에누마는 '킷킷스쿨Kitkit School'이라는 프로그램을 만들어서, 탄자니아의 학생들이 태블릿을 통해 수학과 읽기, 쓰기를 학습할 수 있게 했다. 15개월간 현장 시범사업을 통해 킷킷스쿨을 이용한 학생들은 학교에 다닌 것 못지않은 학습 효과를 얻을 수 있음이 확인되었다. 그렇게 해서 에누마는 한화 60억 원가량의 상금을 받을 수 있었다. 머스크의 비전은 우주로 뻗어 나가는 동시에 지구를 아우른다.

사람들은 보통 세상이 변하는 것을 수동적으로 바라보지만, 기업가들은 능동적으로 변화를 일으킨다. 그들이 만든 변화의 기반 위에서 또 다른 기업가들이 새로운 변화를 일으킨다. 이들은 남들이 못 보는 것을 상상하고 그 상상이 끝내 현실이 되도록 만드는 사람들이다. 나는 이들의 비전을 연구하며 세상 속에서 내 콘텐츠의 역할을 발견하려고 노력한다. 기업은 세상에 가치를 더해 줄 제품과 서비스를 만들고, 콘텐츠 크리에이터는 세상에 기여할 콘텐츠를 만든다. 물론 두 영역은 완전히 다른 성격을 가졌지만, 시대를 앞서가는 기업가의 비전을 연구할 이유는 이미 충분하다.

그런데 흥미롭게도 이들 기업가를 꿈꾸게 하는 것은 책인 경우가 많다. 아홉 살의 머스크는 브리태니커 백과사전 전권을 다 읽고, SF 소설을 하루 10시간씩 읽던 독서광이었다. 그는 어느 인터뷰에서 이렇게 말했다. “나는 책에 의해 길러졌다. 그들이 내 부모다.”

그는 SF의 거장, 아이작 아시모프Isaac Asimov의 책에 깊은 애정을 가졌는데, 특히 《파운데이션》 시리즈가 지대한 영향을 끼쳤다고 했다. 아시모프의 책은 그에게 문명의 연장과 암흑의 시대에 대한 여러 가지 생각을 하게 했다. 화성으로 인류를 이주시키겠다며 로켓을 띄우고, 지구의 환경 문제를 늦추기 위해서 전기차를 만드는 비전을 가진 머스크에게 책이 준 영향은 지대한 것임이 분명하다.

기업가의 비전이 우리의 상상력에 날개를 달아주는 것처럼, 콘텐츠 크리에이터는 세상에 기여하는 콘텐츠를 만들고, 디지털 시대에 책의 형태를 넘어서 여러 가지 새로운 모습으로 확장되는 비전을 그려볼 수 있게 한다. 콘텐츠의 미래에 대해 사람들에게 함께 상상해 보자고 제안하는 것이다.

비전을 갖고 남들이 보지 못하는 것을 보는 사람들, 이전엔 없었던 올레길을 만들어서 사람들이 걸을 수 있게 하고, 이전엔 없었던 우주 길을 놓아, 사람들을 화성으로 보내는 사람들. 이들이 먼 미래를 오늘로 앞당기지만, 이들에게 비전을 갖게 하는 것은 바로 탁월한 콘텐츠다.

생존을 위한 삶의 질서, 습관 만들기

동료들은 떠나고 사고로 화성에 홀로 남겨진 와트니 박사. 식물학자였던 그는 자신의 전문성을 발휘해서 홀로 생존 게임을 벌여나간다. 맷 데이먼Matt Damon 주연의 영화 〈마션〉에 나오는 이야기다. 남아있는 식량으로 얼마나 버틸 수 있을지 계산을 하고 난 후 와트니는 기발한 아이디어를 떠올린다. 동료들이 남기고 간 대변과 자신의 대변을 화성의 토양에 섞은 뒤 텃밭을 만들기로 한 것이다. 그는 그렇게 텃밭을 감자밭으로 일궈 나간다. 와트니 박사는 감자밭을 일구면서 매일 기록하고, 관리하고, 물을 줘야 했다. 생존이 달린 감자밭을 가꾸려면 습관을 새롭게 해야 했기 때문이다. 살아남으려면 변해야 했고, 변하려면 습관을 만들어야 했다.

회사를 나오고 나서 할 일이라곤 고민밖에 없을 때 매일 학교 도서관을 찾았다. 도서관에 앉아서 고민하다가 나만의 콘텐츠를 만들게 되었다. 그 후 고민할 일은 점차 줄었고, 이제는 해야 할 일이 많아지기 시작했다. 한 콘텐츠가 끝나면 다음 콘텐츠를 만들어야 했고, 코칭 프로그램과 강의 준비도 해야 했다. 콘텐츠를 만들기 위해 더 많은 시간 확보도 해야 했고, 자꾸만 바빠졌다.

처음엔 할 일 없는 시간이 폭포처럼 쏟아졌었는데, 이제는 시간을 아껴 써야 했다. 바빠졌다는 말은, 도서관을 벗어나 점차 세상과 연결되어 간다는 의미이기 때문에 내게 한없이 감사한 일이었다. 그렇지만 이전처럼 막무가내로 노력해서는 쏟아지는 일들에 제대로 대처할 수가 없었다. 또다시 변화가 필요했다.

회사의 테두리 밖에서 일하는 사람들과 대화를 나눌 때 모두 크게 공감하는 부분이 있다. 회사가 제공하는 '시스템'을 무척 그리워한다는 점이다. 회사는 직원이 업무에만 집중할 수 있도록 각종 지원을 해 준다. 교육, 업무 지원, 건강 검진에 이르기까지 다양한 형태로 직원들을 지원해 준다. 무형의 시스템도 있다. 같이 밥 먹을 동료, 정해진 식사 시간, 고민을 나눌 사람. 이런 것들은 눈에 보이지는 않지만 일하는 데 있어 중요한 요소이다.

하지만 혼자 일하게 되면 모든 것을 스스로 결정해야 한다. 홀로 일한 지 3년여가 지났을 때 깨닫게 된 것은 회사의 '시스템'은 개인 차원에서는 '습관'이라는 것이다. 회사를 나와서 조직의 일원이 아닌 나 자신의 본연의 모습을 확인하게 되면, 진정한 자신과의 처절한 대면이 이루어진다. 이제는 와트니 박사처럼 생존을 위한 새로운 습관이 필수가 되는 것이다.

그래서 회사를 무작정 그만두고 찾아와 조언을 구하는 친구들에게 내가 첫 번째로 해 주는 이야기는 고민할 시간과 고민할 장소를 정해서 습관화하라고 말해준다. 습관적으로 고민만 하는 게 아니라, 고민을 습관화해서 생산적인 것으로 만들어야 하는 시간이 필요한 것이다.

다음으로는 기록하는 습관을 들여보라고 조언한다. 나는 에버노트에 매일 짧은 기록을 남기는데, 이를 1,800일째 해오고 있다. 주로 그날의 이벤트, 미팅, 한 일 등을 기록한다. 무언가 시도했다면 시도한 내용을 남겼다. 한편으로는 암담함을 마주한 심정도 적었다. 힘들 땐 왜 힘든지 적었고, 고민이 많을 땐 무엇을 고민하고 있는지 남겼다. 무엇을 해야 할지 모르면 모르겠다고 적었다.

이렇게 기록을 이어가다가, 시간이 지난 후 펼쳐 보면 당시의 고민, 선택, 결정, 만남 그리고 방황의 모습이 선명하게 보인다. 자연스럽게 반추할 것들이 떠올랐고, 내가 지금 무엇을 해야 하는지 어렴풋하게나마 정할 수 있었다. 혼자서 중요한 방향을 잡아가야 할 때, 기록만큼 좋은 이정표는 없다. 그간의 내 궤적이 고스란히 남기 때문이다.

습관이 잘 정착되면 부수적으로 통제감도 얻게 된다. 정해진 시간에 도서관에 다니기 시작했더니 집에 오면 제때 잘 수 있었다. 처음엔 잠드는 것조차 내 마음대로 안 됐는데, 잠드는 시간이 통제되기 시작한 것이다. 또 기록을 계속하면 인생을 좀 더 주체적으로 살고 있다는 뿌듯함을 덤으로 얻는다. 내 마음대로 되는 게 하나도 없을 때는 이런 작은 통제감과 뿌듯함도 결코 작지 않다. 게다가 하나의 습관이 자리 잡으면 다른 습관을 만드는 일도 수월해진다.

그렇게 쌓은 습관은 복리로 돌아온다. 내게 습관이란 같은 일을 정해진 시간에 단순 반복한다는 데 그치지 않는다. 어떤 습관을 잘 쌓았을 때 나중에 어떤 변화가 있게 될 것인지를 보는 것이 더 중요하다. 아무 의미 없는 단순 반복은 아무것도 남기지 못한다. 습관을 수동적으로만 바라보면 이를 통해 무엇을 얻을 수 있는지가 눈에 들어오지 않는다.

내가 처음 만들었던 콘텐츠는 분량으로나 내용으로나 지금보다 한참 수준이 떨어진다. 그런데도 그것을 만드는데 훨씬 더 힘들었고 기간도 훨씬 더 많이 걸렸다. 지금은 그때에비하면 모든 것이 나아졌다. 전체 내용을 구상하고 흐름을 만드는 일이 수월해졌고, 글감을 발견하고 글을 쓰는데 걸리는 시간도 짧아졌다. 이 글을 쓰면서 다음 책의 주제와 내용까지 어느 정도 정리되는 상황이 되었다. 내게는 기적적인 변화다. 습관이 주는 변화는 느리지만 그렇게 복리로 찾아온다.

변화의 가능성을 스스로 없애지 않는 한 누구나 변할 수 있다. 나도 와트니처럼 생존해야 했고 변하기 위해서 질서를 만들어야 했다. 와트니 박사가 했던 것처럼 사람이 살 수 없는 곳을 지구와 동일한 환경 조건으로 바꾸어가는 것을 '테라포밍terraforming'이라 한다. 시스템 밖에 놓이게 되었다면 누구라도 습관을 만들어서 테라포밍을 시작해야 한다. 그래야 회사 밖이라는 야생의 환경에서도 살아갈 수 있다.

태풍이 불면 돼지도 난다

군에 있을 때 바다 안개를 처음 보았다. 바다에 안개가 끼면 바다와 육지는 물론이고, 하늘과 지상의 경계도 구분하기가 어렵다. 몇 걸음 앞만 간신히 내려다보일 뿐이다. 그렇게 걷다가 뒤를 보면 내가 어느 방향에서 왔는지도 파악하기 어렵게 된다. 안갯속에서는 정신 차리지 않으면 좌표도 경계도 잃게 된다.

회사의 테두리 밖에서 나는 오늘도 나만의 좌표를 만들어 가고 있다. 조금씩 나아가고는 있지만, 여전히 안개 속을 걷는 기분이다. '직장을 가진 사람은 나와는 다르게 걷고 있지 않을까?', '모호함 대신 선명함, 불분명한 경계 대신 뚜렷한 역할을 갖고 있지 않을까?' 퇴사학교에서 강의를 시작하기 전에는 그렇게 생각했다.

퇴사학교에서 직장을 가진 사람들과 대화를 나누며 그들도 저마다의 안개를 헤쳐가고 있다는 것을 알게 되었다. 안개의 종류도 각양각색이었다. 회사가 위기에 빠진 경우도 있고, 회사가 속한 산업군 자체가 위기를 맞닥뜨린 경우도 있었다. 회사들은 여러 이유를 대며 직원에게 두 가지 이상의 역할을 강요하기도 했다. 게다가 업무의 경계도 모호해져서 역할에도 혼란이 찾아왔다. 그들도 안갯속을 걷고 있었다.

작가들 역시 크게 다르지 않아 보인다. 《표백》이라는 작품을 통해 성공적으로 데뷔하여 왕성하게 작품 활동을 이어가는 장강명 작가도 요즘엔 작가, 편집자, 마케터, 서점 직원 할 것 없이 한결같이 한숨을 쉬며 별 걸 다 해야 하는 상황이라고 한탄할 때, 자신도 예외는 아니라고 말한다. 그는 이런 고민이 '사치스러운 투정'임을 인정하면서도 전에 없던 새로운 역할에 난처함을 표한다.

바다 건너 일본 출판계에도 비슷한 고민을 하는 사람이 있다. 그런데 이 사람은 안개를 어떻게 헤쳐나갈지에 대한 뚜렷한 방향을 갖고 있었다. 위기에 빠진 일본 출판계를 바라보며 팔짱만 끼고 있다가는 가라앉는 배 위에 앉아 물에 빠지는 꼴이 되고 만다고, 자신은 가만히 있지 않고, 자신이 만든 작은 고무보트에 옮겨 타고 자유롭게 항해해 보겠다고 한다. 안개가 잔뜩 낀 바다에 고무보트를 띄워서 출항하겠다는 무모한 이 사람은 바로 겐토샤幻冬舍 출판사에 소속된 편집자 미노와 고스케Minowa Kosuke다.

일본의 출판 시장은 우리나라보다 훨씬 크지만, 불황인 것은 마찬가지다. 한국과 일본은 물론 세계 어느 나라를 봐도 지금은 영상이 활자를 앞선 시대다. 출판계에 있는 사람들도 세계 어디에서나 같은 고민을 할 수밖에 없다. 영상에 익숙한 어린 독자들의 관심을 책으로 돌릴 방법이 별로 없기 때문이다. 그런데 이런 출판 불황의 시대에, 고스케는 1년 만에 100만 부가 넘는 책을 판매하며 일본 출판계에서 입지전적인 인물로 자리매김한다. 더욱 놀라운 사실은 그가 1985년생의 신참 편집자라는 것이다.

한국과 마찬가지로 일본도 위계질서가 뚜렷한 사회다. 정해진 위치에서 자신에게 주어진 역할을 잘 해내는 것을 미덕으로 여기는 사회이기 때문에, 조금이라도 튀면 못마땅한 시선을 받는 곳이다. 그런 곳에서 고스케는 회사에서 준 역할에 갇히지 않고 일을 벌인다. 회사 밖에서 큰일을 벌여서 회사로 가지고 들어온다. 해도 되는지 안 되는지 회사의 허락 같은 것은 전혀 신경 쓰지 않은 채 일을 벌인다.

그는 자기 브랜드를 넓히기 위해 회사 일에서 살짝 비껴 있는 일도 한다. 상품 기획, 컨설팅, 온라인 까페 운영 등의 부업을 통해 본업의 30~50배를 웃도는 회사 밖 월급을 만들고 있다. 물론 그는 자신의 부업이 겐토샤 출판사에 어떤 도움이 될지 조목조목 설득하는 일도 잊지 않는다. 회사에 닻을 내리고 머물기보다는 고무보트를 끊임없이 바다에 띄우는 고스케의 생각은 확고하다. 그에게 규칙이나 관습이란 끊임없이 변하는 것이다. 그 변화를 받아들이기를 거부하는 '꼰대'는 자신의 편리함을 위해 옛 관습을 지키려고 하는 것뿐이라고 일갈한다. 고스케가 끊임없이 고무보트를 바다에 띄우는 것은 꼰대들의 속임수에 넘어가지 않고 새로운 질서를 만들어가는 행동이다.

관습을 속임수라 부르며 꼰대의 속을 뒤집어 놓는 고스케지만, 겐토샤 출판사는 이런 그를 쌍수를 들고 환영한다. 자신의 책《미치지 않고서야》의 제목처럼, 그는 정말 미친 듯이 일을 해서 분명한 성과를 만들기 때문이다. 고스케가 했던 것처럼, 나도 예전의 나였다면 하지 않았을 일을 하나씩 해 나가기 시작했다. 밖으로 나와 보니 그래야만 하는 이유를 분명히 알게 되었다. 끊임없이 내 역할을 새롭게 만들어서 세상에 제안해야 했고, 내 역할을 점점 발전시켜야 했다. 지금 세상 속에서 나의 역할은 콘텐츠를 만드는 것과 콘텐츠를 만드는 사람을 돕는 것이지만, 앞으로 또 다른 변화에 맞닥뜨리면 다시 변하게 될 것이다.

그러한 변화에 필요한 재료는 다양한 콘텐츠로부터 얻는다. 콘텐츠에는 정보나 지식 같은 명시적인 내용만 담기지 않는다. 그것을 만드는 사람이 변화에 어떻게 대응하는지도 고스란히 담겨 있다. 고스케 같은 '미친' 사람이 변화에 대응하는 이야기는, '나 혼자만 그런 게 아니구나.' 하는 생각에 외로움을 없애 줄 뿐만 아니라 짜릿한 연대감을 허락한다. 그런 이야기를 통해 나 역시 내 이야기를 만들어갈 수 있는 자신감과 추진력을 얻게 된다.

그런데 왜 겐토샤는 고스케가 자기 브랜드를 키우는 것을 허용하는 것일까? 회사 밖에서 월급의 수십 배를 벌어들이는 그를 왜 자르지 않을까? 겐토샤 그룹은 기본적으로는 겸직이 금지되어 있었다. 고스케는 당연히 그런 조항 따위는 쳐다보지 않고 먼저 일을 벌였고, 일을 벌이고 들어와서 회사를 설득했다. 회사가 그를 버리지 않는 이유는 간단하다. 고스케가 겐토샤라는 브랜드를 더욱 탄탄하게 만들어주고 있기 때문이다. 변화를 만드는 '미친' 사원을 활용하는 것, 그것이 겐토샤 그룹이 변화에 대응하는 방법이다. 변화의 시대에는 이렇게 개인과 회사의 새로운 협력 방식이 가능하다.

변화하는 세상이 우리를 할퀴고 갈 때 오히려 변화를 만들어내서 응수하는 사람들이 있다. 그들은 태풍이 거세게 불어닥칠 때, 벽을 만들고 고집스럽게 버티기보다는 바람을 타고 날아갈 궁리를 한다. 샤오미의 창업주 레이쥔Lei Jun이 했던 유명한 말이 있다. '태풍이 불면 돼지도 난다.' 변화 앞에서는 변화를 만들어 내는 게 가장 유연한 대응이라고, 고스케는 자신의 삶을 통해 외치고 있다.

3장

시작이 힘든 이유

10년 뒤에 콘텐츠를 시작한다고요?

세상에는 두 가지 종류의 대화가 있다. 소비적인 대화와 생산적인 대화다. 소비적인 대화를 하고 나면 기운이 빠진다. 남는 것도 없고, 에너지만 소진되는 대화다. 이런 대화는 주로 특정 대상을 비방하는 내용인 경우가 많다. 회사, 상사, 정부 그리고 세상에 대한 비판으로 시작해서 비판으로 끝나는 대화다. 잠시 속은 후련할 수 있어도, 하루 세 번, 일주일 내내 이런 대화를 나누면 남는 것은 소진된 에너지뿐이다. 이런 대화는 서로를 갉아먹는다.

반면에 생산적인 대화는 풍부한 정서를 일으키는 대화다. 그런 대화는 생각을 확장되게 만들어주고 활력을 준다. 미처 해 보지 못한 생각도 하게 만들고, 생각지도 못했던 괜찮은 문장이 내 입에서 나오게 한다. 그러면 왠지 좀 괜찮은 사람이 된 것 같은 기분도 든다. 서로가 서로에게 그런 기분이 들게 한다. 누구라도 생산적인 대화를 선호한다.

대화와 마찬가지로 우리가 하는 활동 역시 소비적인 것과 생산적인 것이 있다. 내 인생에서 가장 소비적이었던 시기를 말하라면 나는 망설임 없이 중학교 시절을 꼽는다. 한국의 PC 게임 역사를 보면, 90년대 중반에 그 싹을 틔웠는데 나는 정확히 이 시기에 게임에 입문했다. 특히 이때 한국의 게임 회사들이 세계 최초로 '다중 사용자 온라인 롤 플레잉 게임MMORPG' 즉, 다수의 플레이어가 인터넷을 통해 동시에 같은 가상 공간에서 즐길 수 있는 게임을 만들었는데, 나는 여기에 깊게 빠져들었다.

당시의 일상을 돌아보면 이렇다. 새벽 3시에 조용히 일어나서 컴퓨터 본체를 이불로 감싸 소음을 최소화한 뒤 게임에 로그인한다. 그 시각에도 온라인 공간에서는 함께 접속한 사람들과 할 수 있는 것이 많았다. 학교에 가서는 온라인 공간 속의 사람들은 하루를 잘 보내고 있는지 너무 궁금했고, 부리나케 집에 오면 못다 한 대화를 나누며 게임을 계속했다. 15년도 더 된 일이지만, 지금도 거기서 보낸 시간이 생생하게 떠오른다. 게임 속에서 함께 했던 활동들은 내가 경험한 최초의 협업이었고, 함께하는 것의 즐거움을 알게 해준 그 사람들은 언제나 나를 반겼다.

그러는 사이 내 인생은 우하향 포물선을 그리며 추락하고 있었다. 자제력을 상실한 채 나는 늘 그곳으로 빨려 들어가고 있었고, 불효를 넘어서 패륜 일보 직전으로 치닫고 있었다. 극단의 소비적인 상태. 나는 게임 중독에 빠져 있었다. 이후에 게임 ID를 모두 삭제하고 나중에 게임회사에 들어가서 개발자가 되겠다고 마음먹었지만, 문과에 진학하면서 그 결심은 금방 잊혔다.

활자의 세계에도 소비적인 세계와 생산적인 세계가 있다. 조선 시대의 두 인물인 김득신과 다산 정약용을 보면 그렇다. 김득신은 조선의 대표적인 '둔재'로 알려진 인물로, 남겨진 문헌에 적힌 게 사실이라면 그는 실로 노력하는 한국인의 전형이다. 기록에 따르면 그는 사마천《사기》에 나오는 〈백이전〉을 11만 3,000번을 독음했다고 한다. 하늘이 감동할 만한 각고의 노력과는 별개로 김득신은 기상천외한 기억력의 소유자였다. 김득신이 하인과 함께 걷다가 거리에서 〈백이전〉의 한 구절을 읊고 있는 사람을 지나치게 된다. 하인은 김득신에게 저 구절을 어디서 들어보지 않았느냐고 물었지만, 정민 교수의《미쳐야 미친다》에 보면 그 글을 11만 3,000번 독음했던 김득신의 대답은 이랬다. "그 글이 아주 익숙한데, 무슨 글인지 생각이 안 나는구나."

한편, 방대한 생각의 숲을 이룬 다산 정약용은 극단적으로 김득신의 반대편에 서 있다. 그는 18년간 500여 권의 저술을 쏟아냈다. 그는 물론 활자 소비도 왕성하게 했지만, 그에 못지않게 압도적으로 많은 활자를 생산해낸 것이다. 위키피디아에서 다작한 작가를 검색해보면 그가 세계적으로도 손꼽히는 방대한 저술가라는 사실을 알 수 있다.

'텍스트의 소비와 생산'을 기준으로 극단적으로 나뉘는 두 인물을 보면 내 상태를 가늠하는 데 도움이 된다. 김득신은 읽었고 정약용은 썼다. 양극단에 두 사람을 세워 놓고 자신의 상태를 점검해보면, '나는 얼마나 많은 소비를 하고 있나?' 그리고 '그에 비해 얼마나 많은 생산을 하고 있나?'라는 질문을 선명하게 만나게 된다.

다년간의 게임 과몰입의 경험을 돌아보면 내가 '소비'만 하며 살았다는 사실을 어렵지 않게 알 수 있다. 스마트폰이 대중화된 오늘에 이르기까지도 나는 쏟아져 나오는 콘텐츠를 소비하는 데만 바빴다. 대상이 게임에서 콘텐츠로 바뀌었지만 역시 나는 소비만 하고 있었다. 양극단의 두 인물을 번갈아 바라보다가 '내 콘텐츠는 언제 만들지?'라는 생각에 이르게 되었다.

소비자로만 머문다면 우리에게 앞으로 펼쳐질 일은 달갑지 않을 것이다. 세상엔 더 좋은 콘텐츠가 아찔할 정도로 많이 쏟아지고 있다. 소비자로만 머무는 경우의 문제는 눈높이가 끊임없이 높아진다는 것이다. 매력적인 콘텐츠를 소비하는 사람들의 눈에는 더 뛰어난 콘텐츠만 계속 들어온다. 입맛은 계속 까다로워질 수밖에 없고, 내 콘텐츠를 시작할 수가 없게 된다. 그 상태에 오래 머물게 되면 내가 만든 콘텐츠는 한없이 볼품없게 보인다. 그렇게 내가 만드는 콘텐츠와 소비하는 콘텐츠의 격차는 빠른 속도로 벌어지기만 한다. 어떻게 해도 내 콘텐츠를 시작할 수 없는 상태가 되는 것이다.

퇴사학교에서 콘텐츠에 관심이 있는 사람들을 만났을 때, 그들이 한결같이 입을 모아 하는 말은 "10년 뒤에는 내 콘텐츠를 시작할 거예요."라는 것이다. 나는 그것이 콘텐츠 만들기의 함정이라고 생각한다. 그동안에도 계속 자라는 우리의 안목은 10년이 지나면 더욱 아무것도 시작할 수 없게 발목을 잡을지 모른다.

극단적인 소비의 상태에 오래 머물렀던 경험이 있기 때문에 나는 하루라도 빨리 생산을 해 보는 것이 얼마나 중요한지 잘 알고 있다. 소비에 쏟았던 그 엄청난 에너지를 작은 것일지라도 생산하는 작업에 쏟았더라면 하는 후회의 시간을 이제 더는 연장하고 싶지 않았다.

한 조각짜리 퍼즐판 만들기

의욕을 갖고 콘텐츠를 만들어 보려고 할 때 만나는 함정이 있다. 걸작을 만들겠다는 생각이 그것이다. 그동안 수많은 콘텐츠를 소비하면서 눈높이가 높아진 것이다. 기가 막힌 아이디어를 멋지게 준비한 다음에 세상에 대작을 내놓겠다고 결심하게 되는 것이다. 단번에 황금사자상을 받은 영화 〈기생충〉 같은 콘텐츠를 만들고 싶어진다. 나도 그랬다.

내가 맨 처음으로 책이라는 콘텐츠를 만들려고 했을 때 떠오른 제목은 '기록의 심리학'이었다. 몇 년간 기록을 해오면서 내게 일어난 변화 가운데 심리적인 측면의 비중이 컸기 때문에 '기록'과 '심리학' 두 가지 요소를 엮어내면 왠지 걸작이 나올 것 같았다. 그렇게 몇 달을 진지하게 머릿속으로

만 고민했다. 어느 모임 자리에서 드디어 그 아이디어를 꺼내 보았고 사람들에게 찬사를 받았다. 이미 뭔가를 이룬 것 같은 기분이었다.

몇 개월을 질질 끌다가 정말로 시작해보기로 했다. 우선 노트를 꺼내서 뭐라도 쓸 만한 재료가 있는지 내가 기록과 심리학에 대해서 아는 내용을 모조리 적어 보았다. 삼십 분도 채 되지 않아서 중요한 사실을 알게 되었다. 심리학 전공을 한 적도 없는 데다가 심리학 교양서라고는 서너 권 읽은 게 전부인 내 머릿속에서 나올 만한 게 별로 없다는 사실을 확인한 것이다. 문장을 끄적끄적 적어봤지만 매끄럽게 이어질 리가 없었다. 기록과 심리학을 함께 다루는 것은 내게 역부족이었다. 내가 쓴 글은 해상도가 한참 낮은 모니터 같았다.

머릿속으로 생각만 할 때는 꽤 괜찮은 아이디어라고 여겨지지만, 생각을 글로 옮겨보면 내 수준이 명확해진다. 의미가 갖춰진 완결성 있는 문장으로 옮겨보면, 내가 가지고 있는 것이 명백하게 드러난다. 생각의 해상도가 낮을 때는 쓸 수 있는 것이 한정적이다. '내가 뭘 쓸 수 있긴 한 건가?' 하는 의구심에 실망하다가 마음을 고쳐먹었다.

'걸작을 만들자.'라는 생각을 '내가 쓸 수 있는 주제는 무엇인가?'로 바꿨다. 내 손에 이미 쥐어진 주제를 탐색하기 시작했다. 이렇게 마음먹었을 때, 당시 에버노트에 매일 남겨온 1,000일의 기록이 눈에 들어왔다. 그 습관을 통해서 내게 생긴 변화를 돌아보았다. 뚜렷하진 않았지만 그래도 몇 가지 키워드를 도출할 수 있었다. 그렇게 콘텐츠를 시작할 수 있었다. 세상을 뒤흔들 걸작과는 아직 한참 거리가 있지만, 중요한 것은 내가 쓸 수 있는 주제를 확인하고 정리하는 것이다.

우리가 교육 과정을 이수하면서 가장 많이 했던 훈련은 빈칸에 꼭 맞는 퍼즐을 찾는 훈련이었다. 하지만 콘텐츠를 만들 때는 그동안 해 온 이 훈련이 하나도 도움이 되지 않는다. 콘텐츠를 만든다는 건 퍼즐판을 통째로 만드는 것이기 때문이다. 심지어 내가 몇 조각짜리 퍼즐판을 만들고 있는지도 모르고 시작한다. 20조각인지, 200조각인지 알 수 없다. 이 막연함은 압도적으로 다가온다. 그리고 얼마 지나지 않아 그 막연함은 '지금 콘텐츠를 만들지 않아도 되는 이유'로 바뀌게 된다. 이 막연함이 어떤 것인지 나도 잘 안다.

그래서 콘텐츠 만들기를 시작하는 이들에게 자주 하는 조언이 있다. 몇 조각짜리 퍼즐판을 만들지 고민하는 대신에 분명한 한 조각의 퍼즐판을 만들어 보라는 것이다. '최소한 내가 이만큼은 이야기할 수 있다.' 싶은 한 토막의 글이 한 조각이다. 그렇게 첫 번째 퍼즐을 바닥에 놓는다. 그러면 막연함이 조금은 사라진다. 그 한 개의 퍼즐과 면이 맞닿은 네

방향의 다른 퍼즐에 대한 아이디어가 생기기 때문이다. 상황이 약간은 나아진 것이다. 여기부터는 자신이 뭘 만들고자 하는지에 대한 윤곽을 잡는 게 수월해진다.

이렇게 점차 퍼즐 만들기를 하다 보면 나중엔 내가 몇 조각짜리를 만들 수 있는지 감이 온다. 이후부터는 좀 더 정교하고 그럴듯한 퍼즐을 완성하게 되는 것이다. 이 모든 것은 첫걸음을 뗀 다음에야 이뤄진다. 누구라도 걸작에 대한 로망을 갖고 있지만, 콘텐츠를 처음 만들려고 할 때는 100억대 자산가가 자산 운용을 하듯 접근해서는 곤란하다. '6개월에 1,000만 원 모으기' 같은 프로젝트처럼 구체적이고 현실성 있는 것으로 시작해야 한다.

누구나 시작은 초라하다. '시작'이니까 그럴 수 있다. 그렇지만 초라하다는 것이 시작하지 않아도 되는 이유가 될 수는 없다. 피처폰이 처음 나왔을 땐 모두 환호했지만, 지금 기준으로 보면 투박한 해상도였다. 몇 년에 걸쳐서 해상도가 향상되다가 스마트폰의 출현으로 아예 다른 차원으로 업그레이드가 되었다. 버전 업데이트 수준으로 시작해서 나중에는 질적인 업그레이드가 이뤄지는 것처럼, 생각의 해상도도 그렇게 나아진다. 처음 생각의 해상도는 자기 스스로도 보기 힘들 만큼 투박한 게 당연하다.

사람들은 시작하지 못하는 이유로 빈곤한 문장력을 꼽지

만 그보다는 '완결할 수 있는 주제'를 갖지 못한 게 더 큰 문제다. 요즘 웬만한 구직자는 자기소개서를 백 장 이상 쓰는 경우가 많다. 그 정도면 글쓰기 실력을 탓하는 것은 그만해도 된다. 그보다는 이제 '내가 완결할 수 있는 주제'를 열심히 생각해 봐야 한다. 개별적인 자기소개서 100편이 아니라, 완결성 있는 하나의 주제를 가지고 쓰다 보면 생각의 해상도가 좋아진다. 생각을 촘촘하게 구성하는 능력이 자라난다. 걸작은 그때 가서 만들면 된다.

당신의 태그는 무엇인가?

'덕질'을 직업의 수준으로 끌어올린 '성덕' 즉, '성공한 덕후'는 많은 이들의 부러움을 산다. 넷플릭스Netflix 직원 가운데도 이런 성덕들이 있다. 이들의 직함은 '태거Tagger'로, 2017년 기준으로 약 30명의 태거가 있다고 한다. 이 성덕들은 온종일 영상 콘텐츠를 보면서 돈을 번다.

이들이 하는 일이 있다. 콘텐츠를 보고 나서 특정 기준에 따라 콘텐츠에 '태그'를 붙이는 것이다. 예를 들어 〈어벤져스 : 인피니티워〉라는 영화에는 '슈퍼히어로', '열혈의 도전', 'Sci-Fi movie'라고 태그를 붙이는 식이다. 마블사에서 나온 다른 영화인 〈토르 : 천둥의 신〉의 경우엔 '항공&우주', '슈퍼히어로', '판타지 영화'라는 태그가 붙어 있다. 비슷해 보이는 슈퍼히어로 영화지만, 두 영화의 태그는 미묘한 차이를 보인다.

이렇게 서로 다른 태그가 붙게 되면, 콘텐츠를 분류하는 새로운 축이 생긴다. '항공&우주' 태그를 누르게 되면, 같은 태그를 가진 넷플릭스의 모든 콘텐츠가 보이게 된다. 우리가 넷플릭스를 이용할 때 추천받는 영상은 태거가 붙여놓은 태그를 바탕으로 이뤄진다고 한다. 넷플릭스에서 태거로 근무하는 셰리 굴마하마드Sherrie Gulmahamad는 이렇게 말한다. "내 눈도 쉴 필요가 있어요." 성덕에게도 남모를 고통이 있다.

콘텐츠를 만들고자 한다면, 태그라는 속성으로 데이터를 다루는 일에 익숙해야 한다. 독일에선 이미 학생 때부터 이 방식에 친숙해진다고 한다. 독일 학생들은 한국 학생들처럼 노트 필기를 하지 않는다. 대신 '카드 정리zettelkasten'를 한다. 공부하다가 정리할 부분이 나오면 카드를 작성한다. 카드의 맨 위에는 제목을 쓰고, 나머지 부분에는 내용을 요약하거나 생각을 적는다.

한 권의 책에 대해 카드 작업을 모두 마치고 나면, 정리된 카드 중 특정한 제목이 있는 카드만 따로 꺼내어 볼 수 있다. 그 제목들을 중심으로 모은 카드는 원래 텍스트와는 다른 방식으로 재정렬이 된다. 콘텐츠를 소비할 때 태그를 붙여서 카드 정리함에 모아두는 것이다. 인덱스index, 혹은 태그는 이런 방식으로 작동한다.

한국의 교육 과정에는 안타깝게도 지식과 정보를 내 관점으로 '태깅tagging'할 기회가 없다. 노트 필기에서는 경험할 수 없는 방식이다. 이런 점 때문에 내가 소비한 정보에 태그를 붙인다는 건 생소한 일이다. 학창 시절의 노트란, 책 한 권을 압축해서 통째로 머리에 입력하기 위한 도구에 지나지 않았다. 그 과정은 지식 소비자가 되어보는 연습으로는 충분하지만, 지식 생산자의 입장이 되어 볼 기회는 제공하지 않는다. 소비만 많고 생산은 전무다.

이런 상황을 예견이라도 했는지, 다산은 한 맺힌 것처럼 생산했다. 다산은 200여 년 전 스스로 고안한 카드 정리 방식으로 제자들과 함께 500권의 저술을 남겼다. 18명의 제자를 팀으로 나누어 한 팀은 발췌하게 하고, 한 팀은 카드 정리를 하게 했다. 정리와 필사, 교정과 제본 등 팀마다 맡은 역할이 있었다. 이런 작업이 가능했던 것은 다산이 정리한 방대한 태그가 있었기 때문인데, 그는 교육, 행정, 경제, 건축, 법, 의학 등 폭넓은 영역에 걸쳐 분류한 태그를 갖고 있었다.

나만의 태그를 중심으로 내용을 모으면 나만의 폴더가 된다. 그것을 다듬으면 나만의 콘텐츠가 된다. 태그를 중심으로 생산하는 일은 여전히 생소하지만, 태그를 중심으로 콘텐츠를 소비하는 일은 꽤 익숙해졌다. 넷플릭스나 인스타그램

같은 앱에 태그가 많이 등장했기 때문이다. 특정한 태그로 검색을 하면 수많은 '피드feed'가 나타나고, 이 피드는 하나의 폴더라고 볼 수 있다.

나만의 태그를 갖게 되면 이제 출발선에 섰다고 보면 된다. 많은 청중 앞에서 발표해 본 적이 있으면 경험해 보았을 것이다. 큰 발표를 앞두면 갑자기 머리가 잘 돌아간다. 신기하게도 세상 모든 것으로부터 발표 자료를 발견하게 된다. 살면서 단 한 번도 떠올려 본 적 없는 '지중해 연안 유럽 국가의 식습관' 같은 주제 발표를 앞두고 있다면, 레스토랑에서 파스타를 먹다가도 주제와 관련된 깊은 통찰을 발견하게 된다.

발표를 맡으면 그 순간부터 머리가 빠르게 돌아간다. 앞에 나가서 어떻게든 30분을 채워야 하고 난감한 질문들에 대해 나름의 답을 내놓아야 하기 때문이다. 그러다 보면 어느샌가 꾸역꾸역 '지중해 연안 유럽 국가의 식습관' 같은 주제도 나름대로 정리하게 된다. 나는 이것을 '발표자 효과'라 부르고 싶지만, 심리학에서 이미 이를 가리키는 용어가 있다. '컬러 배스 효과color bath effect'가 그것인데 이 용어는 '색을 입힌다.'는 의미로, 한 가지 색깔에 집중하면 해당 색을 가진 사물들이 눈에 띄는 현상을 의미한다.

이를테면 윈도우 기반의 노트북만 사용하다가 사용하기 까다로운 애플의 맥북을 처음으로 구매하고 카페에 나가면 그때부터 맥북으로 작업하는 사람들이 눈에 띄기 시작한다. 무엇인가를 염두에 두면 그와 관련된 정보가 계속 눈에 들어오는 것이다.

이 책을 쓰는 동안에도 같은 방식으로 작업했다. 내가 가진 '태그'는 각 장을 구성하고 있는 14개의 단어다. '커리어, 콘텐츠, 변화, 질서'와 같은 단어이다. 이 태그를 중심으로 의미 있는 생각을 도출하고 관련 분야의 책을 읽으며 나의 태그를 풍성하게 채워가는 것이다.

생산자가 된다는 것은 의미 있는 키워드를 갖는다는 것이다. 태그를 중심으로 나만의 의미 체계를 세워 보는 것이다. 노트 필기는 한국 교육 시스템이 낳은 '소비의 상징'이지만, 태그는 다산이 남긴 '생산의 상징'이다. 자신만의 태그를 갖게 되면 의미 타래가 생성되고 확장되기 시작한다. 마침내 생산의 길에 들어선 것이다.

콘텐츠 생산으로 가는 3단계

퇴사학교에서 만난 300여 명에게 수업을 신청한 이유를 물었다. 그때 가장 많이 나왔던 대답은 관심사가 너무 많아서 정리하고 싶다는 것이었다. 양질의 콘텐츠가 쏟아지는 시대에 사람들의 관심사가 다양해지는 건 당연하다. 자연스러운 흐름이지만 그 콘텐츠들에 반응하기에 바빠서 나의 콘텐츠를 만드는 일은 자꾸 어려워진다. 취향의 확장이지만 콘텐츠의 공습이기도 하다. 이런 상황에서 내 콘텐츠를 만들기 위해서는 크게 3단계를 거쳐야 하는데, '소비, 생산적 소비 그리고 바로 생산'의 단계다.

가장 먼저 할 일은 자신의 콘텐츠 소비 패턴을 점검하는 것이다. 재테크 도서의 1장은 언제나 같은 조언으로 시작된다. 돈을 모으려면 먼저 나가는 돈부터 파악하라는 것이다. 들어오는 월급은 그대로인데 나가는 돈은 너무나 많다. 나가는 돈부터 막아야 월급이 쌓이는 것처럼 관심사 계좌도 마찬가지다. 돈이 줄줄 새고 있었다는 사실을 눈으로 확인하게 되면 누가 시키지 않아도 자동이체 내역을 살피게 된다. 마찬가지로 '관심사 계좌'에 자동이체로 등록해 둔 것들도 점검하고 해지해야 한다.

내 태그에 대한 주제 이외에 나머지 관심사는 줄여 나가는 것이 좋다. 필요 이상으로 많은 콘텐츠를 소비하고 있다면 즐겨찾기를 정리하고, 구독을 취소하고, 읽지 않는 편이 낫다. 주의력을 야금야금 갉아먹기 때문이다. 처음엔 아주 적은 관심을 쏟는다고 생각하지만, 만 원을 백 번 쓰면 100만 원이라는 목돈이 나가는 것처럼, 주의력을 조금씩 갉아먹는 것들을 통제해야 나만의 태그에 집중할 수 있다. 지금까지도 그랬지만 앞으로 우리의 시선을 사로잡는 콘텐츠는 더 많이 쏟아질 것이다. 거기에 충실하게 반응하기만 바쁘다면 내 콘텐츠를 만들 시간과 에너지는 앞으로 더욱 확보할 수 없을 것이다.

이렇게 콘텐츠 소비에 대한 다이어트를 하고 나면 다음 단계인 '생산적 소비'를 시작할 수 있다. 생산적 소비는 나중에 만들 콘텐츠를 염두에 두고 소비하는 것을 말한다. 원래

해 오던 소비 방식을 약간만 바꿔서, 소비하는 콘텐츠에 내 생각을 조금씩 덧붙여 보는 것이다.

에버노트 강의를 하면서 재미있는 사실을 관찰할 수 있었다. 에버노트가 하나의 그릇이고, 그 안에 담기는 건 사람들의 생각이다 보니, 사람들이 그릇에 어떤 내용물들을 담는지 볼 수 있었다. 다른 이들도 특별한 것은 없었다. 다들 비슷하다. 콘텐츠를 보면서 떠올린 아이디어를 적고, 책을 읽고, 독서 노트를 쓴다. 마음을 움직이는 문장과 기억하고 싶은 것을 만나면 메모한다. 생산적 소비에 특별한 비밀이 있는 건 아니다. 기록은 제대로 시작하기보다 제멋대로 시작하는 게 어쩌면 더 좋을 수 있다.

그렇지만 한 가지 눈에 띄는 점이 있긴 하다. 생산적 소비를 잘하는 사람들은 용도에 맞게 기록할 공간을 마련한다. 독서 노트와 아이디어 노트를 나누고 따로 보관한다. 그들은 기록할 만한 것을 어느 서랍에 넣어둘지 정하는 일에 노력을 기울인다. 자신의 메모가 언제나 산발적으로 흩어져있다면 이들의 방식을 참고해볼 만하다.

내 경우에는 콘텐츠를 만들 때 생산적 소비의 덕을 톡톡히 보았다. 글감이 떠오르면 'writing' 폴더에 수시로 메모를 했다. 'books' 폴더에는 3년간 읽은 약 80권 정도의 책에 대해 간단하게라도 감상을 적었다. 이런 식으로 콘텐츠를 소비할 때 접했던 내용을 내 언어로 정리해두니 나중에 콘텐츠를 만들 때 정말 요긴했다. 완전히 처음부터 시작하지 않아도 되기 때문이다.

생산적 소비를 하다 보면, '이렇게 끄적인다고 뭐가 달라지겠어?'와 '이렇게 쌓아두면 나중에 뭐라도 될 거야.' 하는 두 생각 사이를 오가게 된다. 뭐든 할 것처럼 소비하고 뭐든 만들 것처럼 콘텐츠를 쌓아두는 것은 어느 정도는 자신을 설득하는 일이다. 처음엔 자신 없어도, 정말로 뭔가 만드는 시점에 이르면 '모아 두길 잘했다.' 하는 환호가 절로 나온다. 요리하는 사람들은 안다. 나중에 어떻게 쓰일지 몰라도 수시로 재료 손질을 해서 냉장고에 넣어두면 막상 차려 먹을 게 없을 때 얼마나 유용한지 말이다. 생산적인 소비를 하면 조금씩 부은 적금을 나중에 목돈으로 돌려받듯이, 그동안 쌓아둔 콘텐츠들이 내 것을 만들 때 큰 밑거름이 돼 주는 것을 확인할 수 있다.

이제 마지막으로 생산의 단계다. 2016년 여름, 에버노트 강의를 통해 만났던 수강생이 있다. 이분은 고전 문학을 무척 좋아하는 분으로, 상당히 많은 문학 작품을 읽었다. 그런데 몇 년이 지나고 같은 책의 같은 부분에서 동일한 감동을 받는 경험을 여러 번 했다고 한다. 나중에 이분이 인상적인 이야기를 전해 왔다. 독서 노트를 쓰기 시작하니 자신이 책을 어떻게 읽었는지 명료하게 기억할 수 있다는 것이었다. 그렇게 그의 콘텐츠 소비 패턴이 바뀌더니 급기야 유튜브에 채널을 만들었다고 연락이 왔다. 독서 노트가 쌓이니까 뭐든 만들어 보고 싶었다고 했다.

그렇게 '문학줍줍'이라는 유튜브 채널이 시작되었다. 문학줍줍 채널은 고전 문학을 중심으로 다양한 문학 작품을 소개하는 채널이다. 자극적인 콘텐츠에 너무 많이 노출되어서 멀미가 생길 때, 일상이 너무 빠르게 흘러가서 뭔가 놓친 기분이 들 때 나 역시 자주 찾게 되는 채널이다. 이 채널을 통해서 오래전 문학을 읽던 즐거움을 다시 느끼기도 했다. 나는 이 채널의 세 번째 구독자였는데, 2년이 지난 지금, 문학줍줍은 20,000명의 구독자와 함께하는 채널이 되었다.

절박한 문제 속에 나만의 콘텐츠가 있다

내가 운영하는 코칭 프로그램에서는 먼저 콘텐츠가 될 만한 자신의 관심 주제들을 꺼내 보는 것으로 강의를 시작한다. 그다음에는 그 가운데 한 가지를 선택해서 콘텐츠로 만들어 보는 연습을 한다. 이렇게 각자의 주제를 꺼내다 보면 여러 가지의 다채로운 관심사를 가진 분들을 만나기도 한다. 그런 분들은 '어떻게 이런 주제에 관심을 두게 되었을까?' 하는 주제를 서너 개씩 가지고 있는데, 이렇게 가진 무기가 많으면 다른 이들의 부러움을 산다.

하지만 보석 같은 이야기를 많이 가진 이들에게도 고민은 있다. "그래서 도대체 뭘 주제로 삼지?" 가진 게 없으면 없는 대로, 많으면 많은 대로 고민이다. 사람들이 이런 고민에 맞닥뜨릴 때 내가 권하는 것은, 여러 주제 가운데 자신에게 가장 문제로 다가오는 주제를 출발점으로 삼아보라는 것이다. 자신을 오랫동안 불편하게 하는 문제로부터 시작하는 것이다.

내겐 정리가 문제였다. 학교 다닐 때는 왼손잡이 악필이라서 필기 내용이 조금만 길어져도 일목요연하게 정리하지 못했다. 오랫동안 나는 정리를 못 하는 사람이라고 생각했다. 그 문제를 해결하려고 골몰하다가, 시간이 지난 후에야 정리 자체가 문제가 아니라 도구 선택이 문제였다는 것을 깨닫게 되었다. 펜과 공책이 아닌 디지털 도구를 활용했더니 정리하는 데 아무 문제가 없었고, 내 문제를 이전보다 잘 다루게 되었다. 자연스럽게 이 주제가 나의 콘텐츠가 되었다.

문제를 해결하다가 결국 창업까지 하게 된 기업가들의 이야기는 어렵지 않게 들을 수 있다. 자신의 문제에 매달려 개선하려던 노력이 다른 사람의 문제까지 해결해주는 결과로 이어지는 것이다.

일론 머스크에게 직접 상을 받은 에누마의 이수인 대표도 그랬다. 출산 후 아이에게 장애가 있음을 알고 병원을 찾은 그녀는 의사로부터 뜻밖의 이야기를 듣는다. 장애가 있는 아이들에게 자신이 가진 기술이 꼭 필요하다는 이야기를 듣고 그녀는 같은 회사에서 게임 개발자로 일하던 남편과 공동으로 에누마를 창업했다. 에누마는 게임을 통한 학습 앱 '토도

수학'을 세상에 선보인다. 토도수학은 누적 다운로드 500만 회를 기록하며, 집중력이 부족한 아이들과 장애로 인해 학습을 어려워하는 전 세계 아이들을 돕고 있다.

1,000만 부 이상의 판매를 기록한 초대형 베스트셀러《먹고 사랑하고 기도하라》의 저자인 엘리자베스 길버트Elizabeth Gilbert도 역시 그랬다. 그녀는 정체성을 찾기 위해 인도, 이탈리아, 인도네시아에서 4개월씩 보내는 여행을 떠났고 그 여정을 그려낸 이 책은 이후에 등장한 '나를 찾아가는' 에세이 콘텐츠의 원형이 되었다. 길버트는 자신을 알고자, 그리고 자신을 구원하고자 책을 썼는데 1,000만 명이나 되는 사람들이 그녀의 이야기를 통해 자신을 발견하게 되었다.

사람들은 자신의 문제에 대해 말할 때 이런 질문을 한다. "남들도 다 이렇지 않아요?" 그런데 전혀 그렇지 않다. 2018년에 퇴사학교에서 만났던 한 분도 이렇게 물었다. 그녀에게는 당일치기로 일본 여행을 갔을 때, 온전히 자기 자신으로 돌아가서 평화로운 시간을 보낸 경험이 무척 특별했단다. 단 몇 시간 동안의 여행일 뿐이었는데도 그랬다. 사회나 회사, 혹은 인간관계에 얽매이지 않은 상태로, '나의 본연의 모습'으로 존재한다는 느낌은 그녀에게 무척 소중하게 다가왔다. 그녀가 느낀 것은 한국을 여행할 때는 만날 수 없었던 해방감이었다. 온전히 이방인이 될 때만 그런 경험을 할 수 있었고, 자기 자신을 만나기 위한 그녀의 당일치기 여행은 계속 이어졌다. 그녀는 이것을 자기 콘텐츠의 주제로 정했다.

그렇게 1년이 지난 어느 날 그녀에게 연락이 왔다.《오늘 하루 나 혼자 일본 여행》이라는 책을 출간하게 되었다는 것이다. 책은 한 달간 많은 독자의 공감을 얻었고, 반응도 무척 좋았다. 금방 2쇄를 찍게 되었다. 그런데 너무나 안타깝게도 그녀의 책이 출간된 지 한 달 만에 우리나라와 일본의 관계가 파국으로 치달았다. 그녀가 책을 통해 무엇을 말하고 싶어 하는지 오랫동안 잘 알고 있던 내게도 속이 상하는 일이다.

조금만 들여다보면 생각보다 많은 콘텐츠가 그것을 만든 당사자 자신을 위한 목적에서 시작되었음을 알 수 있다. 그리고 재미있게도 사람들은 타인이 혼잣말처럼 남긴 그 콘텐츠를 궁금해한다. 사람들은 남의 이야기에서 자신을 발견하기 때문이다. 그렇기 때문에 남들은 크게 관심 없을지라도 내게 유독 문제가 되는 것이 있다면 그것을 한 번 주목해 보는 것도 좋은 방법이다.

세상에서 가장 쉬운 일이 있다면 그건 삶에 있는 문제들을 끝없이 나열하는 것이다. '당신의 첫 번째 문제를 제거하면 두 번째 문제가 승진할 것이다.'라고 한 컨설턴트 제럴드 와인버그Gerald Weinberg의 말처럼 현재 가진 문제를 다 적기도 전에 새로운 문제는 계속 생길 것이다. 자, 이제 문제를 인식했다면 그것을 해결할 방법이 있는지 살펴보자. 문제를 푸는 데 도움이 될 만한 콘텐츠를 찾아서 삶에 적용해 볼 수도 있다. 비록 그것이 콘텐츠를 만드는 것으로 바로 이어지지 않는다고 해도 이 방법은 완전히 남는 장사다. 자신의 문제에 대해 생산적으로 대응을 시작한 것이기 때문이다.

한때 내 관심사는 내 삶과 내 문제로부터 너무 먼 곳에 있었다. 다산은 당대의 학자들이 중국의 고사는 꿰고 있으면서 정작 조선에 대해서는 무지하다고 개탄했는데, 정작 자신의 문제에 관심이 없는 그들의 모습이 바로 내 모습이었다.

이제는 나와 무관한 것들에 대해서는 선망하지 않기로 했다. 내 문제에 대해서 완결성을 가진 사람이 되고 싶었고 그것을 내 콘텐츠에 담으려 했다. 이제는 '지금, 여기'에 있는 내 문제를 바로 보고자 했다. 내 문제를 개선하는 건 나를 위한 일인데 그로 인해 콘텐츠까지 만들 수 있다면 완전히 금상첨화다. 당신에게 해결하고 싶은 절박한 문제가 있다면 독자를 가질 이유도 충분하다.

만들고 초대하는 즐거움

'악동뮤지션'이라는 남매 듀오가 있다. 이들은 잘 알려진 것처럼 TV 오디션 프로그램을 통해 데뷔했다. 나는 이들의 데뷔 무대를 생생하게 기억한다. '다리 꼬지 마'라는 노래를 부르며 등장한 악동뮤지션의 무대가 방송된 다음 날, 나는 학교의 과 사무실에서 일하고 있었는데, 그날 하루 동안 이 노래를 100번도 넘게 재생했다. 다른 많은 이들과 마찬가지로 나도 그들의 노래에 완전히 매료되었다. 악동뮤지션은 '다리 꼬지 마'라는 자신들의 곡을 부르기 전에 '미쓰에이'라는 걸그룹의 'breathe'라는 노래도 불렀는데, 객석에서 그 공연을 지켜보던 미쓰에이 멤버들의 눈이 내게는 왠지 슬퍼 보였다.

악동뮤지션에게는 아이돌 그룹과 확연하게 다른 점이 있다. 악동뮤지션은 스스로 만든 음악을 하고, 아이돌 그룹은 이미 만들어진 음악을 한다. 아이돌 그룹은 태생적으로 이런 한계를 갖고 출발하기 때문에 상업성이 떨어지면 금방 자취를 감출 수밖에 없다. 미쓰에이는 이미 해체됐지만 누구도 거기에 관심을 두지 않는다. 반면 만들어낼 줄 아는 악동뮤지션은 데뷔 후 시간이 꽤 흐른 지금도 존재감을 확실하게 드러내고 있다.

악동뮤지션의 무대를 보다 보면 콘텐츠를 만들어 내는 사람들만 아는 즐거움 두 가지가 나타난다. 하나는 콘텐츠를 만들어 내는 사람 자신이 그것을 즐긴다는 것이다. 악동뮤지션의 음악이 즐거운 이유는 그들의 음악이 흥겹기 때문만은 아니다. 노래하면서 그들 스스로 흥에 겨운 것이 청중에게도 고스란히 전달된다. 둘은 몽골에서 홈스쿨링을 받으며 음악을 만들고 지낼 때 청중 없이도 이미 스스로 즐기는 방법을 터득하고 있었다.

다른 한 가지 즐거움은, 내 콘텐츠의 정원에 다른 이들을 초대할 수 있다는 것이다. 세상에 자신의 결과물을 내놓고 그 결과물을 소비하는 이들과 함께 즐길 수 있는 것이다. 혼자서 즐기던 것을 선보였는데 함께 즐겨줄 사람이 있다는 건 만드는 사람들만이 얻을 수 있는 깊은 충족감이다. 요리를 만들어 대접하는 것, 축제를 기획하고 사람들을 초대하는 것, 영화를 만들어 관객을 만나는 것, 제품을 만들어 고객에게 가치를 전달하는 것, 글을 써서 자신의 생각의 정원에 사람들을 초대하는 것. 이 모두가 그렇다.

내 콘텐츠가 세상에 나가서 독자들을 만났다. 뼈아픈 지적과 피드백도 있었지만, 내가 전하고 싶었던 가치를 알아봐 준 다음과 같은 독자의 댓글을 만날 때도 있다. '에버노트를 잘 사용하고 있을 때 나는 항상 새로운 것을 향해 달려가고 있었다. 주로 처음 접하거나 때로는 잘 알지 못하는 것을 경험할 때마다 그 경험을 에버노트에 기록으로 남겼다. … 그러나 나의 사고도 잠이 들었다. 이 책을 선택한 것도 그때의 즐거웠던 생활을 다시 찾고 싶다는 간절함 때문이었다.'

이런 후기를 접할 때마다 말할 수 없는 큰 감동이 있다. 에버노트라는 도구는 그저 매개체일 뿐이었다. 내게 그 매개체를 통해서 전달하고 싶은 가치가 있고 독자들이 그 부분을 발견하고, 공감하며, 동기부여가 되는 모습을 볼 때면 겸허한 즐거움이 찾아온다.

소비만 하던 사람이 생산도 하는 사람으로 바뀌면 안 보이던 것들이 눈에 들어오기 시작한다. 누군가가 만들어놓은 세상에서 소비만 하며 살다가 이제는 그것을 만든 사람이 누구인지가 눈에 들어오기 시작하는 것이다.

이 책이 나올 수 있던 배경에도 그 뒤에 수백 명의 '만드는' 사람들이 있었다. 지난 몇 년간, 애플의 제품을 활용해서 다양한 콘텐츠를 만들었다. 또 활용한 소프트웨어로 이 원고를 쓰고 있는 스크리브너Scrivener가 있었고, 에버노트Evernote와 워크플로위Workflowy가 있었다. 조금 더 거슬러 올라가면 웹을 창시한 사람, 이메일을 개발한 사람, 하이퍼링크를 세상에 소개한 사람, 마우스를 만든 사람도 있다. 카카오에서 만든 브런치brunch도 그렇다. 브런치가 없었다면 내가 글을 올릴 곳도 없었을 것이고, 책을 출간하는 일도 몇 년 뒤에나 일어났을 것이다.

이런 이유로 무엇인가 만들고 있는 사람들에게 늘 깊은 경의를 표한다. 아직은 세상의 주목을 받지 못했지만, 혼자서 개인 프로젝트를 만들고, 스타트업을 만들고, 자기만의 콘텐츠를 만들어가는 사람들은 모두 빛날 준비를 하는 것이다. 나중에 그들이 만든 것을 세상과 나누는 모습을 상상하면 정말 즐겁다.

만드는 길에 점점 깊이 들어설수록 수많은 사람의 기여로 만들어진 겹겹의 세상 위에 내가 서 있는 것을 뚜렷하게 보게 된다. 그런데 거기에 나도 한 획을 더한 것 아닌가! 게임이라는 이미 만들어진 세계에서만 즐거움을 찾던 중학생이 이제 직접 만드는 것으로 세상에 기여할 방법을 찾은 것이다. 신나지 않을 수가 없다. 내가 만든 것으로 나보다 더 큰 세계에 작으나마 기여하는 즐거움은 누구나 한 번쯤 느껴볼 만한 가치가 있다.

'창의적인 성인은 생존에 성공한 어린이다.' 인터넷에서 출처를 알 수 없는 이 문장을 만났다. 어릴 땐 놀이터에서 많은 시간을 보냈다. 만들어진 규칙 외에도 새로운 놀이 규칙을 만들면서 놀다 보니 어느새 어린 시절이 다 가버렸다. 만드는 즐거움은 우리에게 완전히 새로운 경험은 아니다. 만들고, 즐기고, 노는 일이 자연스러웠던 그 시절이 나에게도, 당신에게도 분명히 있었다.

정체성의 본질은 만들어 가는 것

국민 콘텐츠 〈무한도전〉을 만든 김태호 PD가 돌아왔다. 〈무한도전〉은 더 이상의 수식어가 필요 없을 만큼 시청자들이 열렬히 사랑하고 소비한 콘텐츠다. 그 콘텐츠를 만든 김태호 PD가 새로운 프로그램인 〈놀면 뭐하니?〉를 가지고 돌아온 것이다.

사람들은 김태호 PD의 복귀를 왜 주목할까? 사람들은 콘텐츠 그 자체만을 소비하지 않는다. 콘텐츠 속의 캐릭터뿐만 아니라, 그 콘텐츠를 만든 사람을 함께 궁금해한다. 그의 관점을 궁금해하고, 그가 영감을 받는 방식을 궁금해한다. 무엇이 그를 그쪽으로 이끌었는지도 궁금해한다.

봉준호 감독이 황금사자상을 받았을 때도 그랬다. 사람들은 〈기생충〉의 내용과 구성만 궁금해하지 않는다. 봉준호 감독의 초기 작품인 〈플란다스의 개〉부터, 〈괴물〉, 〈설국열차〉 그리고 〈옥자〉를 거치면서 그의 세계관이 어떻게 확장되어 가는지 궁금해한다. 이것은 그가 만든 영화 콘텐츠 밖에서 주목받는 또 하나의 콘텐츠인 셈이다.

소비에만 머물다가 생산의 자리로 위치를 바꿔보면 누구라도 이 고민에 맞닥뜨리게 된다. 내가 만들 콘텐츠가 '무엇'이어야 하는가도 정말 중요하지만, 그 콘텐츠를 만듦으로써 나의 정체성이 어떤 식으로 확장되는지도 고민해야 한다. '내 모습이 어떤 식으로 확장되기 바라는가?' '내가 어떤 주제와 함께 성장하기 원하는가?' 이런 즐거운 상상도 함께 시작해야 한다.

《먹고, 사랑하고, 기도하라》로 세계적인 스타덤에 오른 엘리자베스 길버트의 다음 작품은 무엇이었을까? 엄청난 성공을 거둔 작가의 다음 스텝은 어떤 모습일까? 그녀는 이미 열여섯 살에 평생 작가로 살 것을 결심하고 스스로 서약했다. 그런 그녀에게 '1,000만 부 베스트셀러 작가'라는 타이틀은 다음 작품을 이어 가는 데 엄청난 부담이었을 것이다. 다음 작품이 두려움으로만 다가왔을지도 모른다.

그렇지만 그녀는 계속 작가로 남고 싶었다. 그녀는 자연스럽게 앞서간 수많은 작가가 어떻게 창작의 공포에 맞섰는지 너무도 궁금해졌다. 이런 고민이 확장되면서 전작의 소재와는 한참 동떨어진 콘텐츠가 나온다. 그 고민의 산물은 2015년에 출간된《빅매직》이었다. 창조적인 삶을 살았던 사람들이 어떻게 창작의 공포를 바라보았는지, 그리고 어떻게 그것을 넘어섰는지를 다루게 된 것이다. 책의 판매는 전작의 1,000만 부 기록에는 한참 못 미쳤지만, 길버트는 이 콘텐츠를 만들며 자신의 영역이 확장되는 것을 경험했다.

퇴사학교에서 많은 직장인을 만나 이야기를 나누면서, 직장을 가진 사람들이 정체성에 대한 전쟁을 치르는 것을 확인할 수 있었다. 직장인들이 회사에 대해 갖는 생각은 한 마디로, '내 것인 듯, 내 것 아닌, 내 것 같은 너'였다. 내 것이라고 하기에도, 내 것이 아니라고 하기에도 애매하다. 퇴사학교에서 만난 한 분은 이런 이야기를 했다. 그는 회사 프로젝트를 큰 성공으로 이끌었고 인사고과 점수도 좋았지만, 그 결과물과 실행 과정을 회사 밖으로 가져올 수는 없었다. 결과물은 오직 회사라는 조직 안에서만 존재하는 것이고, 그가 가져올 수 있는 것은 성과급과 업데이트된 이력서 한 줄뿐이라는 것이었다. 물론 결과는 만족스러웠지만 그는 뭔가 석연치 않은 느낌을 완전히 떨칠 수는 없었다고 했다. 조직 안에서 게임의 룰은 그렇게 작동할 수밖에 없다. 내가 만든 결과물이지만 온전히 나의 소유가 되지 않는다. 그것은 회사와 개인이 맺을 수밖에 없는 명시적인 또는 암묵적인 거래이고 계약이다.

상황이 이럴 때 정체성의 문제가 수면 위로 떠오른다. '온전한 내 것이 없다.'는 호소다. 내가 만들었던 콘텐츠는 존재감이 희미했다. 전자책으로만 나왔으며, 아는 사람만 아는 콘텐츠다. 그럼에도 불구하고 내게는 아주 높은 자긍심을 주었다. 그것은 정체성의 문제와 관련이 깊다. 작게나마 '온전히 내 것'이라고 부를 수 있는 영역을 만든 것이기 때문이다. 거기에는 콘텐츠가 가져다준 수익과 별개로 정체성을 단단하게 해주는 엄청난 강점이 있다. 게다가 그 영역은 내가 콘텐츠를 만들 때마다 한 뼘씩 넓어질 수 있지 않은가. 회사 네트워크에 내 결과물이 갇혀있지 않아도 되고, 상사가 내 콘텐츠에 숟가락을 얹을 수도 없다. 내 정체성에 치명상을 입히는 일은 더는 일어나지 않는다. 이것은 내 정체성이 안전하다는 느낌을 갖게 해 주고, 정체성 전쟁을 더 이상 벌이지 않아도 된다는 해방감마저 준다. 신영복 선생이 이야기했던 것처럼 정체성의 본질은, 객관적으로 존재하는 어떤 것이 아니라 관계 속에서 조직하고 만들어 가는 것이다.

콘텐츠를 만드는 사람과 그 사람이 만든 콘텐츠는 적극적인 관계 형성을 해나가면서 정체성을 만들어 간다. 내 안에 있지도 않은 정체성을 자꾸 '발견'하려고 하는 게 아니라, 내 안에 원래 없었던 정체성을 '만들어'가는 것이라는 관점이다. 그것이 바로 신영복 선생이 정체성의 본질이 '생성'에 있다고 한 이유다.

소모消耗는 '써서 없앰'을, 생산生産은 '만들어 남김'을 의미한다. 정체성도 마찬가지다. 나의 정체성을 쏟아붓고 계속 써서 없애는 것은 가벼운 문제가 아니다. 실존적 위기다. 정체성을 만들어 가는 것에 대해 내가 찾은 답은 콘텐츠 만들기다. 어쩌면 '만들다'라는 동사는 가장 신적인 동사인지도 모른다. 신이 한 줌의 흙으로 인간을 만들지 않았던가.

4장

학습은 따분한 교수의 서재가 아니다

교육받는 나 말고 학습하는 나

'닭이 먼저냐, 달걀이 먼저냐?'라는 오래된 질문처럼 내게도 하나의 질문이 있었다. 가르치는 사람이 먼저일까, 행하는 사람이 먼저일까? 스승이 있으니까 제자가 있는 걸까, 아니면 어떤 이가 스스로 배워서 스승이 되었더니 나중에 제자가 생기는 걸까? 혼자서 뭐든 시작해야 했을 때는 후자에 대한 사례가 필요했다.

문득 배운 적이 없는데도 스스로 해낸 사람들이 있다는 사실이 떠올랐다. 아인슈타인은 초등학교 중퇴이지 않은가. 스티브 잡스는 MBA 출신이 아니잖은가. 다산 정약용은 제자들을 이끌고 조선을 살릴 지식경영법을 혼자서 만들지 않았나. 스스로 해낸 사람들이 있을 거라는 막연한 생각을 좇

다가 나를 완전히 사로잡은 '독학자'를 만나게 되었다.《공부와 열정》을 쓴 제임스 마커스 바크James Marcus Bach였다.

바크는 컴퓨터 소프트웨어 테스트 분야의 전문가다. 이 분야에서는 어떤 일을 하는지 잘 몰랐지만, 그가 16살에 고등학교를 중퇴하고 20살에 애플에 입사해서 최연소 매니저가 되었다는 사실은 내 관심을 끌기에 충분했다. 그의 이력을 보고 직관적으로 그가 혼자서 해냈을 거라는 생각이 들었다. 책장을 넘겨보니 정말 그랬다. 바크는 스스로 배워서 해냈다. 그는《공부와 열정》에서 스스로를 '버커니아 학자'라고 불렀다. 그가 말하는 버커니아 학자란 배움에 대해 큰 열정이 있는 사람들이다. 제도나 권위에 얽매이지 않고 세상을 향해 목소리를 내고, 자신의 흔적을 남기려는 사람을 말한다.

그는 프로그래밍의 세계에 입문할 때 어셈블리어Assembly Language를 배우면 유리할 거라고 판단했고 그것을 정복하기로 한다. 하지만 새로운 분야에 대해 혼자서 잘 이해할 수 있을까하는 두려움도 있었다. 하지만 아버지가 보내준 렌스 레벤탈Lance A. Leventhal의《6502 어셈블리어 프로그래밍》을 읽다가 처음엔 누구나 겁먹고 두려워하지만 연산을 하나씩 떼어놓고 보면 프로그래밍도 그리 어렵지 않다는 저자의 말에 두려움과 자신 없음이 눈 녹듯 사라지는 경험을 한다.

레벤탈의 한 마디는 바크를 깨웠고, 바크의 한 마디는 나를 일으켰다. 바크에게 왔던 깨달음은 초조한 채 경직되어 있던 내 마음도 풀리게 했다. 그가 복잡하고 까다로운 프로그래밍 언어를 마주한 상태에서 시작할 수 있게 해 주는 힌트를 얻은 것처럼, 나도 내 콘텐츠를 만들겠다는 생각을 하자 머릿속의 막연한 안개가 점차 걷히는 것 같았다.

그의 버커니어 학습법을 더 들여다보니 점점 흥미진진했다. 그는 자신을 위한 학습 주제를 직접 만들었다. 학습 주제는 '자기 관리', '응용 인식론', '인지 과학' 그리고 '의사소통'을 포함해서 10개에 달한다. 그리고 각각의 주제는 하위에 세부 주제를 가지고 있다. 바크가《갈매기의 꿈》을 쓴 리처드 바크Richard Bach의 아들이라는 사실보다도, 스스로 고안한 방식으로 학습한다는 사실에 나의 관심이 더욱 쏠렸다.

애플Apple에 최연소 매니저로 입사한 바크의 이야기가 이만큼 흥미진진한데, 애플을 공동 창업한 개발자 스티브 워즈니악Steve Wozniak은 어떨까? 2012년 워즈니악은 제주에서 열린 어느 포럼에서 강연을 했다. 이때 그를 만난 어느 학생이 당시 미처 하지 못한 질문을 워즈니악에게 메일로 보냈는데, 그는 사려 깊게도 학생에게 답메일을 보내 주었다. 워즈니악도 불가능을 이루기 위해 자신이 어떻게 했는지 말한다. 그는 전수받거나 교육받은 적 없는 기술을 익히기 위해 깊이 생각해야 했고, 스스로 새로운 장을 열었다. 종이 위에 연필로 컴퓨터를 디자인하는 법을 스스로 터득한 이후, 그는 배우지 않은 일에 대해 해답을 찾는 데 익숙해졌다고 한다. 내게는 이 말이 그가 머릿속에서 컴퓨터를 발명해냈다는 의미로 들린다. 워즈니악은 바크보다도 훨씬 지독한 버커니어 학자였던 것이 분명하다.

배운 적이 없는데도 해낸 사람들이 있다는 사실은 나를 움직이기 시작했다. 자격증을 따고, 교육 프로그램을 이수하고, 인증 제도를 통과해야만 뭔가를 할 수 있다는 착각은 언제부터 시작됐을까? 버커니어 학자들을 만난 이후, '교육받는 나' 말고, '학습하는 나'에 주목하기 시작했다. 사람은 커리큘럼만큼 배우지 않는다. 커리큘럼에 적힌 것을 하나도 배우지 못할 수 있다는 말이기도 하고, 동시에 커리큘럼에 담기지 않은 것을 얻을 수 있다는 말이기도 하다.

내가 이해한 버커니어 학자들은 닥치는 대로 배우는 사람들이 아니다. 그들은 다양한 분야에 관심이 있지만, 만물박사가 되려고 하는 것은 아니다. 먼저 자신의 호기심이 이끄는 분야와 자신에게 절박한 분야에 뜻을 둔다. 그 뜻한 바에 도움이 되는 것이라면 지푸라기를 잡는 심정으로 무엇이든지 흡수하려고 한다. 뜻한 바를 이뤄가기 위해서 학습하는 것이고, 그 과정에서 만나는 세상의 모든 것이 공부 재료가 된다. 바크가 내게 하나의 학습 재료를 제공해준 것처럼 말이다.

'닭이 먼저냐, 달걀이 먼저냐?'에 대한 답이 선명해질 때쯤, 내가 알고 있는 많은 개척자가 개척자이기 전에 뛰어난 학습자였다는 사실을 알게 되었다. 개척자라는 이름에 가려진 그들의 뛰어난 학습 방법은 많은 곳에 공공연하게 숨겨져 있다. 나도 이들처럼 버커니어 학자가 되기로 했다.

진짜 아무것도 없었다니까요

콘텐츠 자본에도 금수저가 있다. 누군가의 살아온 이야기는 그저 녹취만 해도 콘텐츠가 된다. 그들의 삶은 너무도 독특해서 콘텐츠 자체가 남다르게 빛난다. 이를테면 대통령의 연설 비서관을 역임한 사람이 있다면 그는 관련 에피소드를 정리하는 것만으로도 상당한 콘텐츠 자본을 얻을 수 있다. 만약 후대에 여러 정치적인 문제가 불거지고, 그 중심에 대통령의 연설문이 놓여 있을 때는 더 말할 나위도 없이 그의 콘텐츠는 특별한 것이 된다.

말을 타고 몽골을 횡단한 경험이나 생소한 문화권에서의 오랜 거주 등 독특한 경험이 있다면 그의 콘텐츠 역시 독보적인 것이 된다. 현실 속의 '금수저'처럼 콘텐츠 자본의 금수저가 만들어 내는 콘텐츠 역시 흉내 낼 수 없다. 그저 그들을 부러워하거나, 시기하거나 둘 중 하나를 선택할 뿐이다.

하지만 좋은 소식은 대다수 사람들이 콘텐츠 무자본으로 출발하며, 무자본이어도 할 수 있는 것이 많다는 것이다. 콘텐츠를 만드는 일은 건축보다는 정원 가꾸기와 닮았다. 건축을 위해서는 건축 비용을 계산해야 하고, 건축 자재와 모든 것이 철저하게 준비되어 있어야 한다. 하중에 대한 오차 없는 계산과 치밀한 건축 계획이 필요하다. 막대한 자본과 탄탄한 전문 지식이 받쳐주지 않는다면 건물을 올릴 수 없다.

하지만 정원 가꾸기는 누구라도 할 수 있다. 정원 가꾸기에는 거대 자본이 들어야 하는 이유가 없다. 모종삽과 씨앗, 흙만 있으면 시작할 수 있다. 대신 번거롭지만 지속적인 양분 공급이 필요하다. 양분을 한꺼번에 몰아서 공급하면 안 된다는 원칙만 잘 지키면 된다. 이렇듯 정원 가꾸기는 자본이 없더라도 손이 부지런하다면 누구나 할 수 있다.

나 역시 콘텐츠 무자본이었다. 2015년에 월드비전에서 강의할 때 준비해 간 발표 자료는 8장의 슬라이드로 이루어졌는데, 맨 앞의 '소개'와 맨 뒤의 'Thank you' 페이지를 빼면 사실상 6장이 전부인 슬라이드였다. 그 정도는 누구라도 만들 수 있다. 처음에는 사실 아무 말이나 이어붙인 콘텐츠였다. 하지만 그다음부터가 중요하다. 거르지 않고 물을 주면

8장짜리 콘텐츠는 점점 자라난다. 처음엔 5분 이내에 모든 내용을 소개할 수 있을 만큼 작은 콘텐츠였지만, 몇 년간 그 작은 정원을 가꾸었더니 세 편의 전자책과 한 권의 책을 세상에 선보일 수 있을 만큼 큰 정원이 되었다.

처음에 콘텐츠를 만들기 시작했을 때는 이렇게 생각했다. '사회생활 경험도 거의 없고, 전문 지식도 없는데 도대체 이 광활한 백지를 어떻게 채워야 하지?' 다른 사람들은 이 까마득한 백지를 도대체 어떻게 글자로 채워나가는지 너무 궁금했다. 나는 할 수 있는 게 하나도 없어 보였다. 그렇게 정원을 가꾸다가 막막할 때면 늘 책을 찾았다. 거기엔 책의 내용 말고도 정원 가꾸기에 대한 힌트가 많이 숨겨져 있었다.

예를 들어보면 이렇다. 니콜라스 카Nicholas G. Carr의 《생각하지 않는 사람들》을 펴면 책의 가장 뒤쪽에 상당한 분량의 참고 문헌 목록이 나온다. 책이 온전히 자기 생각과 경험만으로 쓰는 게 아니라는 힌트를 하나 얻을 수 있었다. 그다음으로 발견한 건 그 참고 문헌의 종류였다. 카는 콘텐츠의 설득력을 높이기 위해서 책의 소재와 연관된 내용을 다룬 논문과 책을 샅샅이 찾아보고 있었다. 나도 뭔가 만들 때 관련 분야의 콘텐츠를 샅샅이 찾아봐야겠다는 생각을 하게 되었다. 또 세상의 수많은 정보 가운데 내게 필요한 자료를 선별해내는 능력이 중요하다는 생각도 하게 되었다. 저자가 책에서 직접 말하지 않지만, 이렇게 관찰을 통해서 얻어낼 수 있는 것이 많았다.

다른 흥미로운 내용도 발견했다. 그는 자신이 책에서 소개하는 내용을 자신의 집필 과정에 접목하는 실험 정신을 보여 주었고 그 내용을 책에 담았다. 직접 경험이 한참 부족하더라도 창의적인 방법을 동원해서 콘텐츠의 내용을 풍성하게 만들 수 있다는 힌트를 얻었다. 이렇게 다른 책들을 참고하면서 그들의 정원 가꾸기의 비법을 찾아봤더니, 내 콘텐츠도 키울 수 있겠다는 자신감이 생겼다.

독서를 통해서 우리가 얻을 수 있는 것은 텍스트에 담긴 명시적 지식만이 아니다. 텍스트 너머에 존재하는, 그것을 만든 사람에 대해서도 볼 수 있다. 그가 도대체 어떻게 이 광활한 백지를 채웠을지 생각하며 천천히 따라가다 보면 보이는 것들이 많다.

저자는 도대체 어떻게 이런 생각을 하게 되었을까? 이 이야기를 하기 위한 그의 생각 회로는 어떻게 생성된 것일까? 텍스트 너머에 있는 텍스트를 만든 사람을 상상하는 것. 이 영역이야말로 우리가 학습 능력을 발휘해야 하는 지점이다.

이 책 또한 나의 정원 가꾸기의 결과다. 지난 3월에 브런치에 '커리어는 기다려주지 않는다.'라는 제목의 글을 썼다. 그 글을 보고 출판사에서 연락을 해 왔다. 한 편의 글 말고는 아무것도 없었는데도 말이다. 그때는 몇 개의 장으로 구성해야 하는지, 이 책을 통해 어떤 내용을 전할 것인지도 정해져 있지 않았다. 하지만 늘 그래왔듯 더듬거리며 목차를 구성하고, 글을 조금씩 써 내려가며 몇 개월간 정성스럽게 이 정원을 가꿔 왔다.

사람들이 착각하는 것이 있다. 아무것도 내세울 게 없어서 아무것도 만들 수 없다고 한다. 아니다. 오히려 아무것도 없기 때문에 정원 가꾸기를 시작해야 한다. 정원을 가꾸는 사람의 이웃은 이렇게 푸념하고 있을지도 모른다. "우리 집에는 정원이 없어요. 그래서 나는 정원 가꾸기를 시작할 수 없어요." 정원을 가꾸는 사람은 이렇게 답한다. "원래 그런 거예요. 처음엔 나도 정말 아무것도 없었다니까요. 그래서 뭐라도 심어야 했고, 그랬더니 이렇게 자라더라고요."

만드는 사람이 배운다

20대 때, 학생들을 가르치는 봉사 활동을 한 적이 있다. 중학생들에게 수학과 과학을 가르쳐주는 곳이었는데, 그곳에서 학생들은 하루에 40문제를 풀어야만 집에 갈 수 있었다. 누군가를 가르쳐 본 경험이 있다면 누구나 공감하는 사실이 있다. 배우는 학생보다 수업을 준비하는 교사가 더 많이 배운다는 것이다. 수업을 매끄럽게 진행하고, 예상 질문에 답하기 위해 준비하다 보면 교사 자신이 가장 많이 배우게 된다.

콘텐츠를 만들게 되면서 교육 봉사를 할 때 어렴풋이 했던 생각이 점점 분명하게 다가왔다. 자신을 어느 위치에 세우느냐가 학습의 밀도를 결정한다는 것이다. 뭐라도 만들어야 하는 상황이었기 때문에 나 자신을 계속 만드는 사람의 자리에 있도록 했다. 배웠기 때문에 만들 수 있었던 것이 아니라 만들려고 했기 때문에 배울 수 있었다.

자기 콘텐츠를 만들려는 사람들과 대화하다 보면, 일반적으로 가지고 있는 접근법을 발견한다. 그것은 '내가 A를 배우고, B를 배우면, 나중에 C를 만들 수 있을 것이다.'라는 생각이다. 이 접근법의 장점은 그 여정 내내 뿌듯함을 느낄 수 있다는 것이지만, 치명적인 단점도 있다. 만드는 행위를 무한정 미룰 수 있다는 점이다. 만들기 전까지 멈추지 않고 배울 수 있지만, 달리 말하면, 배움만 남고 정작 결과물은 없는 것이다.

이 발상은 다음과 같이 뒤집을 수 있다. 'C를 만들고 싶은데, 그러려면 B를 배워야겠다. B를 알려면 A도 배워야겠다.' 배우고 나서 만든다는 관점이 아니라 만들어야 하니까 그에 필요한 것을 배운다는 관점이다. 가르치는 사람이 수업 준비를 하면서 부족한 부분을 스스로 학습하는 것과 마찬가지다. 안타깝게도 우리 사회의 의무 교육 과정에는 '만들어보는 경험'을 할 기회가 그리 많지 않다. 대학교를 졸업할 때까지도 학교 울타리에만 있는 경우에는 마찬가지다.

이런 교육 환경에도 요즘 작은 변화의 바람이 불고 있는데, 바로 한국에도 빠르게 퍼지고 있는 '메이커 운동Maker Movement' 이야기다. 메이커 운동을 말하려면 MIT의 '평생유

치원Lifelong Kindergarten, LLK'이라는 그룹을 빼놓을 수 없다. 이 그룹을 이끄는 미첼 레스닉Mitchel Resnick은《미첼 레스닉의 평생유치원》이라는 책을 통해 뭔가를 스스로 디자인하고 직접 만들어볼 때 가장 가치 있는 학습 경험을 할 수 있다고 한다. 직접 만들어볼 때 배울 수 있기 때문에 '만들기'가 가장 먼저 선행되어야 하는 활동이라는 것이다.

레스닉은 MIT에서 선임 연구자인 시모어 페퍼트Seymour Papert와 오랫동안 함께 일하며 그에게 영향을 받았다. 페퍼트는 심리학의 거장으로 꼽히는 장 피아제Jean William Fritz Piaget와 제네바에서 4년간 함께 연구를 하며 피아제의 '구성주의 학습이론'으로부터 큰 영향을 받았는데, 이 이론은 아이들의 교육에서 수동적인 수용이 아니라 능동적인 만들기의 중요성을 말하고 있다.

내가 이들의 이름과 교육 철학에 대해 알게 된 것은《생산적인 생각습관》을 구상할 무렵이었다. '가르칠 때 배운다.'라는 어렴풋한 명제를 갖고, 머릿속으로 그려본 무언가를 만들어보려고 부지런히 도서관을 드나들다가 이들을 통해 '만들 때 배운다.'라는 관점을 알게 되었다.

《에버노트 생각서랍 만들기》를 만들 때도 마찬가지였다. 그때《다산의 지식경영법》을 만났고, 그 책으로부터 많은 것을 배웠는데 한 번 더 나를 놀라게 했던 것은, 바로 페퍼트와 레스닉의 메이커 운동의 중심에 자리하고 있는 '만들 때 배운다.'는 관점을 다산에게서도 동일하게 발견했다는 사실이다.

다산도 모든 지식을 이미 가지고 있었기 때문에 그 많은 저작을 쓸 수 있었던 게 아니었다. 만들다 보니 배워야 했고, 배워서 또 만들게 된 것이다. 배다리의 공학 원리가 뭔지, 기계는 어떻게 만들어야 하는지 그 역시 전혀 알지 못했다. 하지만 자신이 아는 작은 것에서부터 만들기를 시작하고 점점 확장해서 결국 세상에 없던 것들을 직접 만들어 낸 것이다. 이미 알고 있어서 만든 게 아니라 그도 만들면서 배운 것이다.

다산과 페퍼트, 레스닉에 이르기까지, 이들이 내게 알려준 것은 만드는 사람이 배운다는 것이다. 배운 사람이 만들지 않는다. 이 차이는 크다. 돌아보면, 스스로를 만드는 자리에 위치하게 한 것이 시작이었다. 나를 '만드는 사람'의 자리에 의도적으로 앉혀보니 학습에 관한 관점이 완전히 뒤집힐 수 있었다.

뭔가 배운 사람만이 만들 수 있다는 생각에 묶여 산다면, 만드는 활동은 평생 미룰 수도 있다. 그것은 시작하지 않아도 될 핑계를 만드는 것이다. 반대로 만드는 사람이 배운다는 명제를 받아들이는 순간, 모든 게 달라 보인다. 창작과 학습에 선순환이 시작되는 것이다.

학습은 따분한 교수의 서재가 아니다

책을 읽다 보면 내 머릿속에 정리되지 않은 생각을 명료하게 만들어주는 문장들을 만나곤 한다. 때론 문장이 아니라 어떤 문구가 그 역할을 할 때도 있다. 그중 한 가지는 '학습된 무기력'이라는 표현이었다. 그것은 내가 의무 교육 과정을 지나는 동안 느꼈던 막연한 불만을 짚어준 명쾌한 표현이었다. 그 문구가 나는 원래 무기력한 사람이 아니라고 말해주는 듯했다. 나의 무기력은 단지 학습된 것일 뿐이기 때문에, 내가 원하기만 하면 다시 활력을 찾을 수 있음을 암시해주는 표현이었다. 그 문구를 통해 나 자신에 대한 불만으로부터 해방감을 느꼈다. 생각해보면 학습된 것은 무기력뿐만이 아니었다. 길고 지루한 교육 과정 속에서, '노잼' 역시 학습된 것이다.

학습은 노잼이었다. 학습은 따분하기만 했다. 내게 학습이란 학생들과 대화를 전혀 나눌 줄 모르는 고리타분한 교수의 서재 같은 것이었다. 교수들은 꼰대 교수보다 노잼 교수가 되는 것을 더 무서워한다. 꼰대 교수는 학생들 사이에서 이야깃거리라도 되지만, 노잼 교수는 학생들에게 자신의 존재감을 아예 주지 못한다.

'학습은 곧 노잼'이라 여기던 내게 변화가 생긴 건 다산을 만나고 나서부터였다. 주변 사람들은 다산 정약용을 존경한다고 말하면 의아해하는 시선을 던진다. '뭔가 고리타분한 것 아냐?' 그럴 수도 있다. 나도 그렇게 생각했다. 다산 이전에 내게 그 정도의 흥미를 줬던 것은 게임 아이템뿐이었다. 그랬던 내가 200년 전 인물에 흥미를 갖게 된 것은 왜일까? 그 사연은 이렇다.

절박하게 내 콘텐츠를 만들기로 작정했는데, 도무지 어떻게 콘텐츠를 만들어야 하는지 알 수가 없었다. 그러다 한양대 정민 교수가 쓴《다산 선생 지식경영법》을 만났다. 책을 천천히 살펴보니 다산이 지식편집의 방법론을 갖고 있었음을 알게 되었다. 그는 일관된 작업 방식을 모든 저술에 적용했다. 이를테면, 모든 저술 작업에 앞서 다산은 목차를 잡았다. 목차를 잡고 나서 한 무리의 제자들에게 그들의 작업실인 '다산동암'에서 관련 서적들을 살펴보도록 했다. 제자들은 관련 서적을 바탕으로 발췌 작업을 했고, 다른 무리의 제자들은 완료된 발췌 내용을 다산이 잡아둔 목차를 기준으로 한 번 더 정리했다.

사방이 고요한 만덕산 중턱의 다산초당, 거기에서 18명의 제자가 손을 바쁘게 움직이면서 자기 역할을 수행하는 모습이 선명하게 그려졌다. 그들이 그 작은 유배지에서 당대의 가장 탁월한 방식으로 협력하는 모습이 영화처럼 그려졌다. 그 방식은 기회가 된다면 나도 기꺼이 따라 해보고 싶은 방식이었다.

다산이 18년간 다듬고 개선해서 정착시킨 지식경영법을 나에게 적용해 보았다. 첫 번째 콘텐츠였던《에버노트 생각서랍 만들기》를 쓸 때였다. 다산을 흉내 내어 9개의 목차를 잡았다. 처음부터 9개의 목차가 뚜렷하게 잡힌 것은 아니었지만 전체적인 방향은 잡아볼 수 있었다. 이후《에버노트 생각서랍 만들기 : 실전편》에서는 내용을 크게 4부로 나누고 그 아래 31개의 장을 만들었다.

이렇게 엉성하게나마 목차를 구성했더니, 그 안에 들어갈 내용을 조금씩 채워갈 수 있었다. 한번에 10만 자를 쓸 수는 없지만 쪼개 놓으니 1,000자 분량은 쓸 수 있을 것 같았다. 내가 다룰 수 있을 만큼으로 구획을 좁혀보니 시작할 수 있었다. 목차는 길잡이가 되어 주었다.

따라서 하다 보니 다산이 왜 처음에 목차를 잡았는지 이해할 수 있었다. 목차는 독자를 위해서 존재하기도 하지만, 가장 먼저 그것을 쓰는 사람에게 필요하다는 걸 알게 되었다. 막막함은 이내 자신감으로 바뀌었고, 자신감은 즐거움을 낳았다. 아, 그들은 이렇게 했겠구나. 불가능한 일이 아니네. 나도 할 수 있구나!

다산의 지식경영법이 내 눈에 잘 들어왔던 이유는 호기심 덕분이었다. 다산이 500권의 저술 작업을 했다는 사실을 알았을 때 강한 호기심이 생길 수밖에 없었다. 나는 한 줄도 쓰기가 어려운데, 500권을 썼다고? 도저히 믿기지 않았다. 이후로 다산이 얼마나 큰 사람이었는지 생각할수록 경이로움이 느껴졌다.

에버노트 시리즈 이후, 다음 콘텐츠인《생산적인 생각습관》을 쓸 때도, 그리고 이 책을 쓸 때도 그 방법론을 그대로 적용했다. 다산의 방식이 콘텐츠를 만드는 유일한 방식은 아니지만 아무것도 없다고 생각한 내게는 하나씩 디딤돌을 쌓아서 더 높은 위치로 도약하는 데 큰 도움이 되었다.

내게 노잼이었던 학습은 아이러니하게도 내가 원하는 결과물을 만드는 데 큰 도움이 되었다. 그때부터 학습이 즐거워지기 시작했다. 내 고정관념 속에 있던 학습의 이미지는 사라졌다. 피터 센게Peter Michael Senge 교수가《학습하는 조직》에서 말한 것처럼 내게 학습은 삶에서 진정 원하는 결과를 만들어 내는 능력을 키워주는 것으로 다가왔다.

자신의 능력이 자라고, 점점 배양되는 것을 보면 순도 높은 즐거움을 느끼게 된다. 운동하는 사람들은 운동을 통해 길러진 근육, 유연함, 체력에서 건강한 즐거움을 얻는다. 이전에는 하지 못했던 동작을 하게 되는 것, 내가 넘어 보지 못한 한계를 뛰어넘을 수 있는 것, 다녀 보지 못했던 곳으로 다니게 되는 것, 이전의 나라면 하지 못했을 생각을 할 수 있게 되는 것, 그 생각을 콘텐츠로 만들어 내는 것. 이 모든 것을 통해 느낄 수 있는 것은 순수한 즐거움이다.

수명이 늘어나고, 산업은 뒤죽박죽 재편되면서 학습을 싫어하는 이들에게 협박처럼 들려오는 시대적 구호가 있다. 바로 '평생 학습의 시대'라는 말이다. 이 구호가 종신형 선고처럼 들릴 때가 있다. '너는 죽을 때까지 학습해야 돼.'처럼 말이다. 평생 학습해야 하는 것도 억울한데 재미까지 없다면 끔찍한 일이다. 학습은 즐겁다. 학습은 따분한 교수의 서재 같은 것이 아니다. 재미를 발견하면서 변화하고 있다면 진정한 학습을 하는 것이다. 이전의 무기력한 나를 벗어나서 활력이 솟게 만드는 것, 그것이 바로 학습이다.

회고 속에 작동하는 기회의 메커니즘

버커니어 학습자가 된다는 것은 마구잡이로 배운다는 말이 아니다. 아무 곳에나 되는대로 물을 뿌려서는 정원을 가꿀 수 없다. 필요한 곳에 물을 주고 있는지, 정원에 일조량은 부족하지 않은지, 빛이 안 드는 사각지대가 생긴 건 아닌지, 다소 번거롭지만 섬세한 관찰을 통해서 정원을 돌봐야 하는데, 이를 '회고'라고 부를 수 있다. 의욕만 무모하게 발휘하는 게 학습은 아니다.

바둑 기사들은 복기復棋로 회고한다. 한 수, 한 수 되짚어 보면서 더 나은 수는 없었는지 반추한다. 바둑판에 놓아진 수의 궤도를 신중하게 뒤쫓는다. 인류 역사상 처음이자 마지막으로 인공 지능을 이긴 바둑 기사로 남을 이세돌도 알파고

와의 대국을 마치고 복기했다. 승패가 갈렸다고 바둑이 끝난 게 아니다. 복기를 통해 배울 수 있는 게 무엇인지 돌아보는 것은 바둑에서나, 인생에서나 중요한 일이라고 그는 이야기하고 있다.

우리도 일할 때 사수나 동료에게서 피드백을 받는다. 피드백을 가장한 잔소리일 때도 많지만, 더 나은 대안을 마련하기 위해서는 피드백을 잘 주고받는 것은 중요하다. 나도 가까운 친구와 동생에게 오랫동안 피드백을 받아왔다. 그들의 피드백이 없었다면 지금의 나는 없을 것이다. 두 사람은 오랫동안 내 이야기를 들어 주었다. 새로운 아이디어를 꺼내놓으면, 뭐가 좋고 뭐가 나쁜지 얘기해 주었고 또 응원해 주었다.

자기 일처럼 내 콘텐츠를 봐주고 피드백을 주던 두 사람이 많이 바빠지고 난 이후에는 혼자서 회고를 더 많이 하게 되었다. 내게 가장 중요한 회고는 콘텐츠를 만들고 난 뒤 이틀에 걸쳐서 하는 회고다. 이 책을 쓸 때도 회고 노트를 만들어서 원고를 쓰는 과정 자체를 따로 기록했다.

콘텐츠를 만드는 사람은, 언제나 '콘텐츠'라는 결과물과 '콘텐츠를 만들어 가는 능력' 두 가지를 얻는다. 원고 쓰는 내내 회고 노트에 과정을 잘 기록하고, 원고를 탈고하면 이틀 정도의 시간을 들여서 그 과정을 꼼꼼히 살펴본다. 몇 가지를 옮겨보면 이렇다.

- 진척 없는 원고를 1시간 붙잡고 있기보다, 마음이 가는 원고를 30분 들여다보는 게 낫다
- 생각이 오래 숙성되지 못한 상태로 나오는 글은 허술하다
- 만들면서 내게 배움이 없으면 글에도 힘이 실리지 않는다
- 나에게서 너무 먼 것을 가지고 글을 시작하면, 남의 정원 가꾸기가 된다
- 원고를 눈으로만 퇴고하는 것보다, 음성 전환 기능으로 들으면서 퇴고하면 몇 배는 생산적이다

이렇게 남긴 기록들은 다음 원고를 쓸 때 큰 도움이 된다.

콘텐츠를 만든 과정을 돌아볼 때 나는 크게 두 가지를 염두에 둔다. 첫 번째는 회고를 위해 과정을 기록해 두는 것이다. 기억에만 의존한 회고는 부정확하다. 기록이라는 구체적인 형태가 있을 때 비교가 가능해진다. 기록과 기억은 서로 비교할 수 있는 대상이 아니다.

두 번째는 회고를 통해 발견한 개선점이 있다면, 기존 습관을 완전히 새롭게 바꾸기보다는 조금씩 보완하는 게 낫다. 매번 모든 것을 갈아엎는 건 좋지 않다. 회사라는 시스템을 벗어나서 습관이라는 나만의 시스템을 만들어 가야 할 때는 더욱 그렇다. 이 시스템을 매번 새롭게 만드는 건 비효율적

이다. 전체적으로는 시스템이 정착될 수 있게 부분적으로 조금씩 개선하는 게 낫다.

이렇게 몇 년간 회고를 해오다 보니 방향성 전체를 뒤흔든 회고도 있었다. 한때 내 필력을 탓하느라 한 글자도 앞으로 나아가지 못한 적이 많았다. 그러다가 전에 써 둔 글을 다시 읽으며 발견한 사실이 있는데, 잘 쓴 글은 필력이 좋기 때문이 아니라, 그 안에 담긴 생각이 좋기 때문에 잘 읽힌다는 것이다.

그제야 내가 생각했던 것만큼 필력이 중요하지 않음을 깨달았다. 필력에만 관심을 두기보다는 어떻게 하면 뛰어난 생각을 할 수 있는지 고민하기 시작했다. 이전에는 못해 본 신선한 생각, 그 경이로움을 만났을 때는 필력이 별로일지라도 스스로 만족스러운 글이 나왔다. 글은 절대적으로 필력으로부터 출발한다는 내 생각의 벽을 깰 수 있었다.

회고를 통해 그 사실을 발견하게 된 이후로, 나는 필력을 높이기 위해 많은 시간을 들여 별도의 노력을 하진 않았다. 그보다는 치열하고 뛰어난 아이디어를 가진 사람들, 탁월한 생각을 하는 사람들을 더 깊게 들여다보기로 했다. 물론 이것은 철저히 나에게만 해당하는 방법이므로 모든 이에게 정답이 될 순 없다.

회고를 하는 이유는 잘못했던 방식을 확인하고 후회하기

위해서가 아니다. 오히려 앞으로 후회하지 않기 위해 돌아보는 것이다. 지금보다 더 나은 방법이 있음을 인정하고, 그 방식을 발견하기 위해 회고하는 것이다. 돌아보는 일은 때로는 아프지만 회고를 통해 앞으로 더 나아갈 수 있다. 학습하는 방법, 원고를 쓰는 방법, 운동하는 방법, 일하는 방법, 많은 영역에서 회고의 메커니즘은 작동한다. 더 나아질 수 있음을 깨닫게 되면 돌아볼 수 있는 용기가 생기는 것이다.

나는 먼저 나의 코치가 되기로 했다

나는 먼저 나의 코치가 되기로 했다. 이 말은 내가 스스로의 소리를 경청하기 시작했다는 말이다. 후회로 가득한 사람이 자신에게 윽박지르는 모습을 보면 누구라도 놀라게 된다. 내가 콘텐츠를 처음 시작할 즈음을 돌아보면 입 밖으로 내지 않았지만 나 자신에게 크게 소리치며 면박을 주는 모습이 보인다. '콘텐츠는 무슨 콘텐츠야?','내가 가진 게 뭐가 있어?', '세상이 알아주기나 하겠어?' 패배감으로 가득한 혼잣말뿐이었다. 그렇지만 나는 변해야 했고 또 다른 마음의 소리를 경청할 수 있어야 했다.

정혜신 박사는 자신의 책《당신이 옳다》에서 타인의 마음에 공감할 때, 마음으로 듣는 정서적 공감과 함께 머리로 듣는 인지적 공감이 중요하다고 한다. 정서적 공감이 '2'만큼 중요하다면, 인지적 공감은 '8'만큼 중요하다는 말이 인상적이었다. 상대의 생각을 '정확하게 듣는' 연습을 해야 진정한 공감이 시작된다는 것이다.

1,800일간 쉬지 않고 기록을 해오면서 느낀 것이 있다. 기록하는 행위는 스스로의 목소리를 경청할 수 있는 가장 쉽고도 훌륭한 수단이다. 기록을 통해서 나 자신을 몇 발자국 떨어져서 바라볼 수 있다. 후회의 목소리만 가득했던 내게도 변화되고 싶은 의욕이 있음을 알 수 있었다. 또 다른 목소리는 더는 후회로 점철된 모습으로 살고 싶지 않다고 말하고 있었다.

나는 코치가 되기로 했다. 이 말은 내가 발견하는 사람이 되기로 했다는 말이다. 정민 교수의《미쳐야 미친다》에는 다산과 그의 제자인 황상에 관한 이야기가 나온다. 자신의 부족함 때문에 훌륭한 스승 밑에서 공부하기를 주저하는 제자에게, 다산은 부족함이 있어도 꾸준히 연마하는 사람이 결국 빛난다는 조언을 해 준다. 사람들은 자신을 발견해주고 봐주는 사람을 필요로 한다. 한때 게임에만 빠져있던, 특별히 내세울 것도 없던 나로부터 기어이 '콘텐츠를 만드는 나'를 발견했듯이, 코칭 프로그램을 통해 나는 사람들을 새로운 관점으로 조명해주기 위해 노력하고 있다.

너무 슬픈 사실이 있다. 그것은 모두 너무나 바빠서 자기 자신을 들여다볼 시간조차 없다는 것이다. 내 눈에는 훤히 보이는 그 사람의 강점을 이야기해 주면 자신은 평생 한 번도 그런 방식으로 스스로를 바라본 적이 없다고 한다. 특별한 사람이기 때문이 아니라, 자신을 특별하게 바라보려는 그 시선으로부터 콘텐츠는 시작된다.

나는 코치가 되기로 했다. 이 말은 결과보다 과정을 존중하기로 했다는 말이다. 콘텐츠라는 정원을 가꾸는 일은 하루아침에 완성되지 않는다. 어쩌면 정원 가꾸기란 도달해야 하는 그 무엇이 아니라 과정 그 자체일지도 모른다. 어느 여정 앞에 섰다는 말이다. 그래서 나는 과정에서 즐거움을 발견하기로 했다. 피터 센게 교수도《학습하는 조직》에서 과정의 중요성을 말한다. 과정은 개인적 숙련으로 가는 평생 계속되는 훈련이며, 과정 자체가 이미 보상이라고 한다.

나는 코치가 되기로 했다. 이 말은 내가 헌신하기로 했다는 말이다. 변변한 커리어를 가져본 적 없는 내게도 세상에 기여할 기회가 주어졌다. 아직은 미미하지만 내 콘텐츠가 누군가에게는 도움이 되고, 또 그들에게 변화에 대한 작은 의욕을 불어넣을 수 있다는 것이 나를 겸허하게 만든다. 이제 나는 콘텐츠를 통해서 사람들을 도울 수 있는 주제를 찾고, 또 각 사람에게 어떻게 다가갈 것인지를 고민한다.

콘텐츠를 만드는 일은 경제적 보상으로 돌아올 수도 있고, 아닐 수도 있다. 경제적 보상만 보고 콘텐츠를 만들어 나가는 것은 스스로 발목을 잡는 일이다. 나는 경제적인 이유만으로 콘텐츠를 만들지 않는다. 콘텐츠를 만들면서 생긴 변화가 즐거운 경험이라는 것을 사람들에게 설득하기 시작했다. 내게 이 일은 생산적인 경험의 확대이자 자신의 정체성을 만드는 활동이라는 것을 사람들에게 말하고 싶었다. 코칭 프로그램을 진행하는 이유도 다른 이들도 그 즐거운 경험에 동참할 수 있도록 돕고 싶은 마음에서다.

나는 코치가 되기로 했다. 이 말은 나와 함께하는 사람들과 함께 확장될 수 있는 방법을 모색하기 시작했다는 것이다. 누군가에게 변화가 있을 때 가장 먼저 가까운 사람이 그 변화를 알아본다. 변화된 사람의 표정에는 자신감이 생기고, 활력은 감추어지지 않는다. 달라진 모습을 보고 주위에서는 이렇게 묻는다. "무슨 좋은 일 있어?"

가장 먼저 내 변화를 알아본 사람은 어머니였다. 나의 변화를 지켜본 어머니는 언젠가 자신의 콘텐츠를 만들고 싶다고 하셨다. 어머니에게는 어린이집에서 아이들을 돌보면서 얻게 된 아기자기하고 사랑스러운 이야기들이 정말 많다. 요즘은 모두가 너무 바쁜 나머지, 아이들이 가장 생기 있는 시간에 어떤 말을 하고, 어떤 놀이를 하고, 어떻게 상호작용하는지 아는 사람들이 많지 않다. 어머니는 자신의 역할을 만들어 가기 시작했다. 자신을 세상이 잘 모르는, 아이들의 빛나는 모습을 생생하게 전하는 기자로 여기기 시작했다. 나는 어머니께 아이들을 돌보면서 생긴 에피소드를 1년 정도 모으시면 그것을 토대로 콘텐츠를 만들어 드리겠다고 약속했다. 그렇게 이제 어머니에게는 370개가 넘는 에피소드가 생겼고, 나는 그 콘텐츠를 세상에 내놓기 위해 준비하고 있다.

점점 늘어나고 있긴 하지만 스포츠 분야 이외에서 '코치'라는 커리어는 한국에서 아직은 생소하다. 내가 이해하는 '코치'는 누구를 가르치는 사람이 아니다. 코칭을 받는 사람과 함께 성장할 방법을 함께 모색하는 것, 그게 내가 이해하는 코치의 역할이다. 나는 그렇게 먼저 나 자신의 코치가 됐고, 이제는 내 프로그램을 가지고 다른 이들을 돕는 콘텐츠 코치가 되었다.

길 없는 시대의 지도 그리기

초중등 교사들을 대상으로 강의를 한 적이 있다. 요즘 학교 현장의 어려움을 짐작하긴 했지만, 막상 직접 이야기를 들어보니 여러 가지 이슈로 인해 학교 현장에서 교사들이 겪는 어려움이 정말 크게 와 닿았다. 너무 많은 학생이 오로지 유튜버가 되기를 꿈꾸고 부모와 교사들은 미래의 직업에 대해 혼란스러워한다. 지금의 10대가 마주할 10년 후 세상에 어떤 직업이 여전히 존재할지 혹은 사라질지에 대한 예측성 통계가 가득하다. 무엇이 사라지고, 무엇이 생겨날지도 모르는 세상에서 도대체 무엇을 교육해야 할까? 어떤 것이 유망하다고 말할 수도 없는 상황이다.

지난 수십 년간 한국 사회는 미래에 어떤 길로 나가는 것이 맞을지에 대해 치열하게 모색했다. 고심을 거듭해서 지도를 만들었고 방향을 제시했다. 내비게이션을 따라 이쪽 또는 저쪽으로 가라고 안내하지만 애석하게도 진로에 관한 내비게이션은 영 정확하지가 않다. 게다가 이젠 자고 일어나면 길이 바뀌어 있어서 애꿎은 내비게이션 탓만 할 수도 없는 일이다. 부모와 교사가 요즘의 학생과 자녀에게 어떻게 진로 지도를 할 수 있을까? 지도를 할 수 있기는 한 걸까?

대학생 후배들이 내게 종종 진로에 관한 고민을 갖고 찾아올 때가 있다. 나는 그들의 진로 고민에 대해서 해 줄 수 있는 이야기가 거의 없다. 같이 헤매는 입장인데 무슨 말을 해 줄 수 있나. 그래도 딱 한 가지만 이야기해 달라고 하면, 학습 능력을 계속 기르라고 말한다. 나도 후배들도 미래에 어떤 세상이 펼쳐질지 알 수 없지만, 우리는 끊임없이 더듬거리면서 앞으로 나가야 한다. 그리고 '더듬거리는' 능력을 점점 더 낫게 만들어야 한다. 더듬거리면서 점차 자기 길을 만드는 사람이 있고, 더듬거릴수록 자꾸 일이 꼬이고 헤매는 사람이 있다. 그 차이는 바로 학습 능력에 있다.

내가 이해하는 '학습 능력'은 변화하는 세상의 새로움을 받아들여서 자기 안의 질서로 재탄생시킬 수 있는 능력이다. 학습은 변화와 떼어놓고 생각할 수 없다. 학습 능력은 세상의 변화와 함께 계속 자라야 하기 때문에 단 한 번의 시험이

나, 등급, 평점에 인해 결정되지 않는다. 세상에서 일어나는 변화와 함께 과정으로서만 존재하는 능력이다. 이를 최근에는 '학습 민첩성Learning Agility'이라고도 부르는데 기업이 애자일 방법론을 찾는 것처럼, 개인도 학습 민첩성을 기를 필요가 있다.

내비게이션을 만드는 일에 온 사회가 전력투구했다. 하지만 이제 내비게이션은 없다. 길은 계속 바뀌기 때문에 스스로 지도를 그릴 줄 알아야 한다. 세상의 모든 것으로부터 정보를 얻어 지도를 만들어서 앞으로 나아가야 한다.

학습에 대해 나는 앞 장에서 소개한 제임스 마커스 바크로부터 힌트를 얻었다. 그가 자신만의 학습 주제를 만들었던 것처럼 나도 나만의 학습 주제를 만들었다. 나의 학습 주제는 크게 두 가지다. 한 가지는 탁월한 콘텐츠란 무엇인지 고민하는 것이고, 다른 한 가지는 어떻게 해야 '콘텐츠를 만드는 나'를 탁월하게 만들 수 있는가에 대한 고민이다.

그러면 이 두 가지에 대해 어떻게 학습할 수 있을까? 당연한 이야기지만 결론부터 말하면 정답은 없다. 다만 세상의 모든 것을 재료로 삼아서 나의 학습 주제에 대한 실마리를 발견하려고 애쓰는 것이다. 이미 스스로 학습하는 사람을 위한 세상이 열린 지 오래다. 팟캐스트, 책, 전문가가 운영하는 유튜브, 해외 유튜버, 광범위한 온라인 공개수업인 무크

MOOC, Massive Open Online Course 등 학습을 위한 재료는 넘쳐난다. 정규 교육을 못 받아서 배우지 못했다는 건 앞으로 핑계가 될 수 없을 것이다. 원하는 주제에 대해 학습할 수 있는 자료가 없는 게 문제가 아니라, 학습할 주제가 없는 것이 문제다.

이 책을 쓰는 동안 내가 사용한 학습 재료 중 하나는 유튜브였다. 원고를 들여다 봐도 아무런 생각이 떠오르지 않을 때 유튜브를 열고 관련 검색어를 입력했다. 이번에 입력한 검색어는 'TED writer'였다. TED 강연자 가운데 작가가 있을 것 같아서였다. 그러자 영화 〈월-E〉와 〈니모를 찾아서〉의 시나리오를 쓴 작가 앤드류 스탠턴Andrew Stanton의 동영상이 나왔다.

그의 이야기를 듣다 보니 참고할 만한 내용이 많았다. 그는 강연 말미에 '아는 것을 이용하고, 그것으로부터 얻어 내라.'라는 말을 한다. 이에 공감하며 곱씹어 보다가, 이미 쓴 원고 내용 가운데 내가 알고 있는 것과 안다고 착각하고 있는 것을 가려내는 별도의 작업이 필요하다는 생각에 이르렀다. 이렇게 할 일은 늘었지만 새로운 배움이 있었다. 또한 어떤 검색어를 어떻게 입력할 것인지 아는 것도 중요한 학습 능력이라는 생각이 들었다.

또 이 장을 쓰는 동안, 내가 학습이나 교육이라는 주제에 대해 쉽게 이야기하기 어렵다는 점을 깨달았다. 관련 분야의 대가들을 찾기 시작했고 교육학과 심리학에 큰 영향을 끼친 칼 로저스Carl Ransom Rogers라는 이름을 발견했다. 그의 명저로 꼽히는《학습의 자유》를 읽게 되었다. 교육 받은 사람이란, 배우는 법을 학습한 사람, 적응하고 변화하는 방법을 배운 사람이라고 그는 말한다.

교육에 대한 그의 생각을 천천히 읽어 나가면서 이 책의 내용을 어떻게 전개할 것인지 전반적인 흐름을 머릿속에 그려볼 수 있었다. '콘텐츠 코치'라는 타이틀을 나 자신에게 부여한 건 순전히 나를 위한 것이었다. 내게 일어난 환경의 변화 속에서 새로운 역할을 만들고, 그 역할 속으로 나를 밀어 넣으니 반드시 학습을 해야 하는 중요한 이유가 생겼던 것이다.

교육받은 적이 없어도 스스로 학습할 수 있다. 학습은 변화에 관한 학문이다. 스스로 변하고자 하는 의욕만 있다면 누구라도 학습을 시작할 수 있다. 같은 이유로 미래의 교육 역시 각 개인이 스스로 배울 수 있는 '학습자'가 되도록 돕는 방향으로 나가야 한다고 생각한다.

스스로 자신에 맞는 학습 주제를 선정해서 세상의 모든 것으로부터 배워나가는 것. 그렇게 나를 변화시켜 나가는 것. 이것이 내가 터득한 덜 헤매는 방법이다. 지금 내가 가진 두 가지 학습 주제는 앞으로 더 진화되거나 혹은 버려질 수 있다. 그러면 그때 다시 새로운 학습 주제를 찾아서 학습하고 있을 것이다. 이 시대는 모두에게 이 능력을 요구하고 있다.

5장

내 콘텐츠에는 해외 고객이 있다

왼손잡이는 세상이 피곤하다

나는 왼손잡이다. 어릴 때는 사람들이 무슨 말을 해도 삐딱하게 반응하며 주위를 힘들게 했다. 나도 내가 그렇게 피곤한 사람으로 비치는 건 싫었지만 의도치 않게 그렇게 되었다. 왼손잡이로 살아보면 그렇다. 수업 시간에 앞에 나가서 칠판에 적힌 문제를 풀면, 문제 풀이를 보는 게 아니라 왼손으로 쓴다고 지적한다. 왼손잡이라 필요 이상으로 주목을 받았고, 또 그 주목들은 긍정적이지 않았다. 왼손잡이에게 세상은 늘 거꾸로 흐르는 곳이다.

모든 게 오른손잡이 위주의 환경이라면 내 자연스러운 상태를 거슬러야 하기 때문에 자꾸만 의식적이 될 수밖에 없다. 아닌 게 아니라, '왼'의 어원을 찾아보면 '외다'에서 왔는데, '마음이 꼬였다'는 의미다. 쉽게 짐작할 수 있듯, '오른'은 '옳은'에서 왔다. 영어에서도 'right'은 '옳은, 올바른'이라는 의미이며, 'left'는 '쓸모없다'는 뜻의 'lyft'에서 왔다. 꽤 많은 문화권에서 왼쪽은 부정적인 의미를 지닌다. 왼손잡이의 눈에는 이런 사실이 잘 들어온다.

결정적으로 내 삐딱함에 날개를 달아준 선생님이 있다. 그 할아버지 선생님은 초등학교 2학년이었던 내가 왼손을 쓰지 못하도록 등 뒤쪽으로 돌려서 꼬박 3주를 묶어놨다. 그 선생님 눈에는 내 왼손이 '고쳐야 할' 손이었다. 권위에 대항할 힘이 없던 초등학교 2학년생은 오른손으로 '고쳐지지' 않는다며 괴로워할 뿐이었다.

시대가 바뀌었기 때문에 지금 그런 행위를 하는 교사가 있다면, 아동 학대로 교사 자격을 박탈당했을 것이다. 그 3주간 왼손이 묶인 초등학생의 의식 한가운데에서는 세상을 향한 삐딱함의 봉인이 풀려가고 있었다. '고친다'라는 동사에는 이미 무언가 틀렸거나 잘못됐다는 전제가 깔려 있다. 내게 자연스러운 방식대로 행동했는데 그게 틀렸다는 지적을 받으면 자꾸만 의식적이 될 수박에 없다.

누구라도 손이 묶이고 생각을 박제 당하는 경험을 하게 되면 거스르는 힘이 생길 수박에 없다. 다르게 말하면 왼손잡이로 사는 일은 주어진 것에 순응하는 데 더 많은 힘이 들어간다는 말이다. 남들은 그렇다는데 나는 그렇지 않은 경우가 점점 많아진다. 조용히 지나가자는데 조용히 지나가기가 싫어진다. 내비게이션은 저쪽을 가리키는데 자꾸 경로 이탈을 하려고 한다. 주위 사람들 눈에는 점점 눈엣가시처럼 보이고, 독불장군처럼 보이고, 제멋대로 사는 것처럼 보이게 되는 것이다. 그렇지만 어쩌겠는가. 사람들에게는 왼손잡이가 피곤하지만, 왼손잡이에게는 세상이 피곤하다.

스티브 잡스Steve Jobs는 애플의 'Think Different'라는 기념비적인 광고에서 남들을 피곤하게 만들었던 사람들을 한꺼번에 소개한다. 이들은 삐딱한 시선을 갖고 세상에 순응하지 않는 사람들이자 세상을 바꾼 사람들이다. 이 광고엔 아인슈타인, 피카소, 존 레논, 찰리 채플린, 지미 헨드릭스 그리고 알프레드 히치콕 등이 나온다. 잡스는 이 고집스러운 사람들이 결국 세상을 바꿨다고 치켜세운다.

그들은 세상에서 자기 자리를 얻지 못하고 변방으로 보내졌지만, 그 귀퉁이에서 세상을 빛낼 아이디어를 갖고 나타났다. '하나가 되기 위해 나 자신과 불일치하는 것보다는, 전 세계와 불일치하는 것이 훨씬 더 낫다.'라고 했던 소크라테스의 말처럼 이들은 기어이 자기 이름으로 우뚝 섰다. 잡스는 영리하게도 이런 이들을 위해 애플이 존재한다고 말하면서, 이들이 살아 있다면 애플의 컴퓨터를 사용했을 거라고 이들의 명성에 슬그머니 숟가락을 얹는다. 재치 있는 발상이 아닐 수 없다.

1991년 해외여행이 자유화된 지 거의 30년이 지났다. 그 30년이라는 세월 동안 하나의 분기점이 된 사건으로 구글맵의 등장을 꼽을 수 있다. 해외여행의 모습은 구글맵 등장 이전과 이후로 나뉜다. 구글맵이 없었을 때는 여행 중 길을 잃는 일이 다반사였다. 현지에서 손짓, 발짓으로 소통해 가며 여행하는 일이 낯설지 않았다. 하지만 구글맵 이후로는 길을 잃기가 어렵다. 길을 잃지 않아도 된다는 건 의식적이지 않아도 된다는 말이다. 거꾸로, 길을 잃거나 정해진 경로를 이탈한다는 건 사람을 의식적으로 만든다.

콘텐츠 코치로 일하면서 자기 콘텐츠를 만들려는 사람들을 많이 만난다. 이들을 만나기 전엔 사람들이 궁금해하는 부분이 '콘텐츠를 만드는 방법'이나 '콘텐츠 만드는 습관' 정도일 거라고 짐작했다. 혹은 콘텐츠를 만들 시간이 절대적으로 부족하다는 게 문제일 거라고 추측했다.

그런데 놀랍게도 이런 방법론적인 부분보다 훨씬 더 큰 문제가 있었다. 그것은 바로 사람들이 스스로 생각하는 것에 겁을 내고 있다는 사실이었다. 충분히 매력적인 콘텐츠 소재를 가졌다고 이야기해줘도 자기 생각을 펼치고 말하기를 지나치게 조심스러워했다. 이 점이 신기하게 다가왔다. '어쩌면 이 사회에서 어른이 되어간다는 건 자기 생각을 점점 줄여가는 과정인 건 아닐까?' 하는 생각마저 들었다.

한국이라는 사회에도 거대한 내비게이션이 작동한다. '경로 의존성'이라는 이름으로도 불리는 이 내비게이션은 끊임없이 경로를 알려준다. 이리로 가라, 저리로 가라. 이렇게 해라, 저렇게 해라. 경로를 이탈할 때마다 지적이 날아든다.

그렇지만 자기 콘텐츠를 하려면 길을 잃어 보면서 자신의 생각을 찾아야 한다. 콘텐츠를 만들 때는 무수한 경로 이탈이 발생할 수밖에 없다. 정해진 원칙도 꼭 맞는 정답도 없기 때문이다. 내비게이션 없이 자기가 가려는 길을 이리저리 탐사해 보면서 걸어야 한다.

정해진 길을 따라 걸을 땐 정신을 차리지 않아도 괜찮지만, 길을 잃고 걸을 땐 정신을 차려야만 한다. 회사에 출근할 때는 길을 잃으면 안 되지만 콘텐츠를 만들 땐 길을 잃어야 한다. 콘텐츠는 자신의 생각으로부터 시작하기 때문이다. 콘텐츠를 만드는 일은 누군가의 허락을 필요로 하지 않는다. 정답도 내비게이션도 없다. 우리가 생각하고 그려낸 지도대로 걸으면 된다.

눈치 문화 때문에 봉인되는 콘텐츠

한국에는 독특하게도 '눈치 문화'가 있다. 이 문화는 한국에 존재하는 거의 모든 조직 문화에 스며있다. 눈치는 군대와 회사에서 가장 혹독하게 훈련받는 '생존형 소셜 스킬'이다.

대학교에도 눈치 문화가가 있다. 점심시간을 앞두고, 수업이 끝날 무렵 교수님이 묻는다. "질문 있나?" 질문이 있어도 하지 말라는 뜻이다. 눈치 문화는 회사에도 있다. 퇴근 시간 즈음에 부장님이 말한다. "맥주 한잔하기 좋은 날씨네." 눈치껏 회식 자리가 마련된다. 눈치 문화는 군대에서 가장 극적으로 그 모습을 드러낸다. 계급이 높은 지휘관이 병사들의 생활관을 순시하며 말한다. "요즘 병사들이 마음 편하게 지내는 모습을 보니 나도 마음이 좋네." 병사들은 다음 날부터 마음이 불편해지는 고된 훈련을 받게 될지도 모른다.

눈치는 도대체 어디서 왔을까? 인류학자인 에드워드 홀Edward Twitchell Hall에 따르면, 문화에는 고맥락 문화High Context Culture와 저맥락 문화Low Context Culture가 있다. 고맥락 문화는 역사가 오랜 국가에서 주로 나타나는데, 수천 년의 역사를 가진 한국은 여기에 포함된다. 한국을 포함한 동아시아 국가들은 대체로 여기에 해당되는데, 이 문화를 가진 국가에서는 굳이 말하지 않아도 암묵적으로 공유된 맥락이 있다. 대화는 이를 전제로 진행된다. 명시적으로 지시하지 않아도 통하는 '척하면 척' 문화다.

저맥락 문화를 가진 대표적인 국가는 미국이다. 미국은 눈치껏 알아듣는 문화가 아니라, 발화자가 명확한 커뮤니케이션을 해야 하는 문화다. 미국에서는 아무리 지위가 높은 상사라고 해도 회식을 하고 싶으면 '나는 오늘 회식을 하고 싶다.'라고 명확한 의사 표현을 해야 한다. 한 마디로 저맥락 문화에서는 말하는 사람에게 소통의 책임이 있다. 의사소통이 잘 안 됐다면 말한 사람 잘못이다. 반면, 고맥락 문화의 소통에서는 '개떡같이 말해도 찰떡같이 알아듣는다.'라는 표현이 암시하듯 듣는 사람에게 책임이 전가된다. 대체로 듣는 역할을 하는 사람은 눈치를 보느라 피곤할 수밖에 없는 것이다.

이런 피곤한 눈치 문화 탓에 생각을 입 밖으로 내는 일이 갈수록 줄어든다. 생각하기를 포기한다. 생각을 안 하는 게 속 편하다. 어차피 입 밖에 내지도 못하기 때문이다. 안타깝게도 우리의 콘텐츠는 그로 인해 봉인되어 있다. 눈치 보지 않고 내 생각을 밖으로 꺼내 놓아야 하는데 그게 영 어색하고 어렵다.

눈치 문화와 함께 우리 생각을 꺼내지 못하게 만드는 오른손잡이의 동사들이 있다. 그중 하나가 '받아 적기'다. 한국에서 교육이란 교사의 말을 받아 적는 것으로부터 출발한다. 모두가 눈치껏 알고 있다. 잘 받아 적어야 학점이 좋고, 취업에 유리하고, 회사에서 고과가 좋다. 군대에서도 마찬가지다. 받아 적기의 핵심은 질문은 하지 말라는 것이다. 토 달지 말고 받아 적으라는 것이다. 그렇게 받아 적기만 하면서 내 생각이 평범해지는 사이에 어느 순간, 세상이 묻기 시작했다. '너만의 오리지널리티Originality는 뭐야?', '너에게는 어떤 콘텐츠가 있어?' 난감할 수밖에 없다.

받아 적고 나면 받아 적은 대로 추종한다. 비판적으로 묻기보다는 받아 적은 대로 생각하고 또 그대로 행동한다. 사회생활을 하면서 사사건건 부딪치고 상사를 거스를 수는 없는 일이다. 커리어를 지키려면 받아 적은 대로 행동해야 할 때도 있다. 하지만 콘텐츠를 만들려면 다른 사람의 권위를 추종하기만 해서는 곤란하다. 내 권위를 내가 세우고, 그 권위를 든든히 하는 연습을 해야 내 콘텐츠를 만들 수 있다. 스스로 권위를 세워야, 다른 사람들도 내 권위를 존중해 준다.

또 다른 동사는 '노력하다'이다. 전통적으로 유교 문화권에서는 경전 중심의 텍스트 공부가 있었다. 중국의 권위를 추종하며 '하늘천따지'를 그대로 외우려고 노력했다. 하지만 이 시대는 노력만 해서는 안 된다고 말한다. 제대로 된 진단이 없는 노력의 위험성은 종종 간과된다. 14세기에 흑사병을 일으키는 박테리아의 존재에 대해 모르던 의과대학 교수진들이 그랬다. 흑사병이 발생하는 이유를 '목욕을 많이 하는 생활습관을 가진 사람' 때문이라고 진단한 것이다. 이런 식으로 진단이 잘못되면 사회 전체가 잘못된 방향으로 노력한다. 개인도 마찬가지다.

한국인 가운데 노력하지 않는 사람이 있을까? 김득신도 노력했고, 다산도 노력했다. 그렇지만 두 사람의 결과물에는 커다란 차이가 있었다. 어떤 노력을 하는지, 왜 노력하는지, 무엇을 위한 노력인지, 진단이 잘 내려진 노력인지 끊임없이 묻고 따지지 않는다면 원치 않는 결과가 나를 기다릴 수도 있다.

어쩌면 잘못된 노력은 가만히 앉아서 노는 것보다 해악이 클 수도 있다. 그래서 내 노력을 진단해야 한다. 노력을 위한 노력을 하는 게 아니라, 무엇을 위해 노력하는 것인지 진단을 잘 해야 한다. 받아 적고, 그대로 추종하고, 그 방향대로 노력만 해서는 콘텐츠를 만들기 힘들다. 눈치 때문에 봉인된 생각을 깨우고, 콘텐츠를 만들려면 이제껏 익숙해있던 동사와는 다른 동사가 필요하다.

에버노트는 유행이 지났다고요?

행동주의 심리학의 대가인 스키너Burrhus Frederic Skinner 박사는 하버드대학교에서 강의할 때, 살아있는 비둘기를 가지고 수업을 진행했다. 학생들에게 비둘기가 어떤 행동을 하기 원하는지 묻고, 모이를 통해 비둘기에게 자극과 신호 훈련을 시켜서 비둘기가 특정 행동을 하도록 유도했다. 이 강의를 들으며 이제껏 순응이 전부인 삶을 살았던 하버드 대학교의 테니스팀 주장 티모시 골웨이Timothy Gallwey는 삶에서 단 한 번도 해본 적 없는 질문을 자신에게 하게 된다. 그토록 갈망했던, 테니스 코트에서 우승컵을 거머쥐며 받았던 짜릿한 박수 갈채를 떠올리며 '인정과 칭찬이 모이였던가?'라는 삶에 있어 중대한 질문을 던진 것이다.

눈치를 보면서 순응적으로 변해버린 생각을 흔들어 깨우려면 골웨이가 했듯이 질문을 해야 한다. 골웨이는 먼저 그 자신에게 질문을 던졌다. 질문은 처음에는 자신을 향하다가 용기가 생기면 나중엔 세상으로 향한다.

다산도 그랬다. 그는 당시 학동들에게 중요한 커리큘럼인 중국의《천자문》을 가르치다가 '천자문은 왜 이렇게 쓰였을까?'하는 질문을 하게 된다. '하늘과 땅'을 말하고 나서, 갑자기 '검고 누렇다'는 색채어가 나오는 것이 일관성이 없어 보였고, 내용 전반에 걸쳐 흐름에 맥락이 없고, 의미 없는 나열이 많아 보였다. 그는 아무도 하지 않았던 이 질문으로부터 대안 교과서라고 할 수 있는《아학편》을 쓸 수 있었다. 그가 새롭게 고안한 이 책 상권의 1,000자는 형태가 있는 명사를 썼고, 하권 1,000자는 뜻을 담은 동사나 형용사를 모았다. 다산은《천자문》이라는 권위를 곧이곧대로 받아 적기만 하지 않았다. 끊임없이 질문했고 거기에서 자신이 할 일을 발견했다.

질문해서 원하는 답을 얻지 못한다면 때론 거슬러야 한다. 다산은 중국의 권위 있는《천자문》은 물론이고, 그 시대에 조선의 학문적 풍토를 거슬렀다. 다산은〈오학론五學論〉이라는 글에서 당시 조선의 지배적인 사상인 성리학, 문장학과 과거학, 그리고 술수학과 훈고학을 통렬하게 비판했다. 다산은 무엇보다도 이들 사상이 학문을 위한 학문이요, 논리를 위한 논리라는 점에 격분했다. 백성의 삶과는 전혀 상관이 없는 한낱 말싸움이라 본 것이다. 다산은 현실을 개탄하면서 이런 소모적인 논쟁에서 빠져나오기로 한다. 염세에 빠지는 대신에 자신이 할 수 있는 것을 했다.

남들이 다 따라서 걷는 길을 거스르는 것은 추종하지 않겠다는 말이다. 질문을 했을 때 그 질문에 제대로 응해 줄 사람이 주위에 없을 수도 있다. 질문을 했는데 사람들이 질문 자체를 막을 수도 있다. 콘텐츠를 만드는 일은 자기 생각을 자꾸 꺼내서 부딪쳐야 하는 일이다. 그게 옳다면 옳은 대로, 틀렸다면 틀린 대로 조정할 기회를 얻기 위해 밖으로 표현할 수 있어야 한다. 받아 적기보다는 질문하고, 추종하기보다는 거스른다. 그리고 내가 무엇에 대해 노력할 것인지 선택해야 한다.

처음에 에버노트를 소재로 삼아 콘텐츠를 만들려고 할 때, 주위에서 여러 조언을 받았다. 이미 에버노트 관련 책이 많이 나와 있으니 하지 말라는 것이었다. 에버노트가 유행이 지났으니 더 뛰어난 도구를 찾아보라는 말도 들었다. 어떤 취지에서 하는 조언인지는 이해했지만, 나는 에버노트를 콘텐츠의 소재로 선택했다. 에버노트를 사용하며 발견한 가치가 분명 있었고, 그것에 관해서 할 말이 있었으며, 콘텐츠에 담고 싶었다. 결국 사람들의 말을 거스르고 내 생각을 선택하기로 했다.

주관이 뚜렷하기 때문에 혹은 자기 생각이 확고하기 때문에 선택을 할 수 있는 건 아니다. 오히려 모든 게 불투명하기 때문에 그저 한번 선택해 보는 것이다. 아이러니하게도 그 한번의 선택으로 인해 주관이 뚜렷해지기 시작했다. 세상은 처음에는 오지선다의 시험지를 푸는 정도를 요구했지만, 이제 우리가 선택해야 할 것들은 '오백지선다'를 넘어서고 있다. 선택지는 앞으로 기하급수적으로 늘어날 것이고, 지금 수준에서 선택하는 연습을 하지 않으면 앞으로는 더더욱 선택하는 게 어려워질 것이다.

그렇기 때문에 내게 딱 맞는 선택지가 나타날 때까지 기다리는 건 위험한 일이다. 내게 완벽한 선택지를 찾느라 한없이 헤매기보다는 지금 내가 선택한 것을 옳게 만들려는 노력이 더 중요하다. 무엇인가를 선택하고 완결하면, 그 결과물이 잘 되었든 잘 안 되었든 남는 것이 있기 때문이다. 콘텐츠의 소재는 나중에 얼마든지 확장될 수 있다. '받아 적고, 추종하고, 노력하는' 것을 넘어서, '질문하고, 거스르고, 선택'하다보면 자기 생각을 꺼내놓는 일이 더 수월해질 것이다. 콘텐츠는 거기서부터 시작된다.

오리지널 콘텐츠 만들기

온라인에는 오늘도 수많은 패러디가 쏟아진다. 패러디를 볼 때면 저렇게 재치 있는 사람들이 다 어디에 숨어있나 싶다. 패러디 문화에 친숙한 사람이라면 올 상반기에 크게 회자된 연기자 비가 인스타그램에 올린 글에 대해 들어봤을 것이다. 비는 영화 〈자전차왕 엄복동〉에 주연으로 출연했는데, 영화가 개봉하기도 전에 흥행 실패를 예감하고 '술 한 잔 마셨습니다.'로 시작하는 글을 인스타그램에 남긴다. 그는 바로 자신의 글을 수정했지만 그 글은 이미 수많은 패러디를 낳은 뒤였다.

영화는 비록 그의 흑역사로 남겠지만 나는 여전히 비가 10년 전에 줬던 강렬한 인상을 아직도 생생하게 기억한다.

비는 어느 방송에서 자신이 왜 대체 불가능한 사람이 되려고 하는지 이야기했다. 비를 통해 '대체 불가능'이라는 표현을 처음 접한 데다, 그 대체 불가능함을 실현하기 위해 전력투구하는 그의 모습이 인상적으로 남았었다.

커리어에서 대체 불가능함은 어떻게 얻을 수 있을까? 스콧 애덤스Scott Raymond Adams의 《열정은 쓰레기다》를 보면 그 힌트는 조합에 있다. 애덤스는 30년째 〈딜버트Dilbert〉라는 8컷 만화를 연재하고 있다. 〈딜버트〉는 딜버트가 회사 생활에서 겪는 부조리를 풍자한 만화다. 한국을 포함한 57개국에서 연재될 정도로 세계적인 히트작이다. 〈딜버트〉의 주인공 딜버트는 다소 밋밋하게 생긴 캐릭터지만 작가인 애덤스의 삶까지 물렁하지는 않다.

그는 왕성한 커리어 실험가다. 오랜 기간 회사원으로도 지냈지만, 프랜차이즈 창업, IT 기업 창업, 아이디어 공유 사이트 제작, 식료품 배달 서비스 창업, 캘린더 특허 내기, 레스토랑 개업, 컴퓨터 게임 개발 등 안 해 본 일이 없다. 〈딜버트〉를 연재하는 동안에도 끊이지 않는 커리어 실험을 해오고 있다. 그의 실험은 대부분 실패로 끝났지만, 스콧 애덤스는 실패 속에서 커리어에 대한 중대한 방향을 세울 수 있었다. 스콧 애덤스는 더 이상 하나의 영역에서 1%가 되려는 노력을 하지 않는다. 대신에 그는 수십 개의 분야에 대해서 '적당히 잘하는 능력'을 만드는 것이 유리하다고 판단했다. 그리고 상위 20%에 드는 수많은 재능을 조합해서 커리어를 만들라고 이야기한다.

애덤스는 자신의 그림 실력이 대단하지 않다고 인정한다. 유머 감각도 마찬가지다. 1% 안에는 못 들지만 적당하게 유머러스하다. 여러 창업 경험을 통해서 기업의 생리도 적당하게 안다. 이렇게 '적당히 잘하는 능력의 조합'으로 〈딜버트〉도 성공할 수 있었다고 본다. 그는 이렇게 말한다. "성공하려면 한 가지를 탁월하게 잘하는 것보다 두 가지를 잘하는 편이 훨씬 더 낫다." 그는 누구도 흉내 내기 어려운 조합을 만들었다. 조합 자체가 상위 1%에 속하는 것이었다. 그 조합이 애덤스를 대체 불가능한 사람으로 만든 것이다.

콘텐츠의 대체 불가능함도 조합을 염두에 두면 좋다. 많은 인기를 끌었던 JTBC의 프로그램 〈슈퍼밴드〉는 오디션 참여자들이 매주 새로운 팀을 짜서 여러 악기의 협주를 통해 밴드 공연을 선보이는 프로그램이다. 본선 2라운드 팀 대결에서 한 팀의 접근법이 신선했다. 벤지, 이자원, 김동범 세 사람이 뭉쳤는데 이들은 처음에 '어떤 곡을 만들까?'라는 질문 대신에 '일단 우리가 갖고 있는 걸 꺼내 보자.'라는 생각으로 접근했고 한 명씩 자신이 가진 카드를 꺼냈다.

이자원은 멜로디언, 콘트라베이스, 아코디언, 어쿠스틱 기타 4개를 꺼낸다. 김동범은 6개였다. 벤지는 팀의 리더답게 프로듀싱, MTR, 비트박스, 춤, 랩, 노래, 건반, 바이올린을 포함해 8개를 할 수 있었다. 4×6×8을 하면 192가 나온다. 이들의 접근법처럼, 사용할 수 있는 요소가 몇 가지만 추가돼도 조합은 다양해진다. 이렇게 조합해서 만들면, 누군가가 따라 만들기가 매우 어렵다. 따라 하기가 어렵다는 건 대체 불가능하고 고유한 콘텐츠가 될 수 있다는 말이다. 물론 고유하다는 게 꼭 탁월하다는 뜻은 아니다. 하지만 조합은 분명 자신의 콘텐츠가 진부하다고 생각하는 사람들에게 한 가지 힌트가 되어 준다.

《에버노트 생각서랍 만들기 : 실전편》도 조합에서 출발했다. 디지털 공간에서 벌어지는 일도 마치 서랍을 정리하듯 접근할 수 있다는 생각으로, 디지털 정리와 물건 정리라는 요소를 조합해서 소개한 것이다. 에버노트 콘텐츠는 국내뿐만 아니라 일본에도 많이 나와 있지만, 나와 비슷한 접근을 한 콘텐츠는 찾기 어려웠다. 출간한 지 2년이 되어 가는데도 리디북스의 컴퓨터/IT 분야 스테디셀러에 여전히 올라가 있는 이유는 이 콘텐츠가 가진 고유성 덕분이라고 생각한다.

무라카미 하루키는《직업으로서의 소설가》에서 누군가를 '오리지널'이라고 부르려면 세 가지 조건이 필요한데 그중 한 가지는 남과는 명백히 다른 독자적인 스타일이며 그 스타일이 그 사람의 표현이라는 것을 순식간에 이해할 수 있어야 한다고 말한다. 나 역시 독자적인 스타일은 자신이 가진 것을 독자적으로 조합함으로써 만들어낼 수 있다고 생각한다.

내가 진행하는 코칭 프로그램의 첫 시간은 바로 이런 방식으로 진행된다. 모두 자신이 갖고 있는 무기를 꺼내 본다. 무엇이 어떻게 조합될지는 모르지만, 우선 꺼내놓고 생각하는 것이다. 그 사람만의 경험, 관심사, 커리어, 독특한 사유, 즐겨 보는 콘텐츠, 인간관계, 취미생활, 고민거리 등 모든 것이 조합의 요소다. 그러고 나서 조합을 시작하면 안 보이던 것들이 보인다. 아무런 얘깃거리도 없는 줄 알았는데 금방 소재가 풍부해지는 것을 볼 수 있다.

이렇게 소재를 조합하는 놀이를 하다 보면 나중에 알게 되는 게 있다. 콘텐츠 만들기는 남과 다른 특별한 소재가 있어야 시작할 수 있는 게 아니라 나를 특별하게 바라보는 시선이 있을 때 시작된다는 것을 말이다.

삶의 외주 영역 줄이기

내가 생각을 '외주 받기' 시작한 건 언제부터였을까? 외주란 무엇인가? '남이 한 것'을 '내 것'으로 삼는 것이다. 부모의 생각을 내 생각으로 여기고, 교사의 생각을 내 생각으로, 사회의 생각을 내 생각으로 삼는 것이다. 외주 받는 것에 오랫동안 익숙해져 있다가 어느 순간 돌아보면, 어느새 '내 생각'이라 부를 수 있는 영역은 흐릿해져 있다. 대한민국에서 교육을 받은 사람이라면 외주 받기에 익숙하다. 많은 고3 교실에서 "대학 가기 전에는 생각을 하지 마. 대학 가서 생각해도 안 늦어."라는 말이 들리는 건 크게 놀랄 일도 아니다.

2016년 UN 지속가능위원회에서는 학생들이 진로와 인생의 방향을 자유롭게 선택하고 있는지 조사했다. 이것을 '생애 선택 자유 지수'라는 이름으로 부르는데 45위인 일본, 55위인 중국에 이어 한국은 122위였다. 전체 조사 국가가 158개국임을 생각하면, 상당히 낮은 순위라는 것을 알 수 있다. 한국의 학생들은 주도적으로 생각하고, 스스로 선택하는 데 제약이 있는 것이다. 진학, 진로, 취업 등 인생의 중요한 선택지 앞에서 온전히 자신의 판단으로 선택하는 일은 많지 않았다.

남성의 경우에는 생각을 외주 받는 훈련을 군대에서 가장 혹독하게 받는다. 국방의 의무를 다하기 위해 필요한 훈련은 마땅히 받아야 하지만 생활 영역에서도 생각을 과도하게 통제 당한다. 군에서 20년을 보냈던 밥 로스Bob Ross 아저씨도 그랬다. 알래스카에 위치한 미 공군에서 20년을 복무하고 상사로 전역한 밥 아저씨는 〈그림 그리기의 즐거움The Joy of Painting〉을 진행하며 이렇게 말한다. "군대에서는 남을 위한 삶을 살 수밖에 없었는데, 캔버스 안에서 만큼은 자유로울 수 있었다."

외주 받는 삶이 무서운 이유는 처음에는 '생각'만 외주 받다가, 나중에는 '행동'까지 외주 받은 것처럼 살게 되기 때문이다. 유튜버 가운데 이런 고통을 호소하면서 방송 중단을 알리는 사람이 적지 않다. 처음에는 콘텐츠를 즐겨 주는 구독자의 반응이 좋았을 뿐인데, 점차 그 반응에 길들어서 구독자의 입맛에 맞는 영상을 만드는 데 골몰하게 된다. 그러다 보면 자신의 삶을 통째로 구독자에게 맞추어서 영상에 담게 된다. 자기 삶을 완전히 전시하듯 하는 외주 상황이 되는 것이다. 거기서 오는 소모감은 엄청난 수익도 마다할 정도로 위협적이다.

자기 삶이 없어진 것 같다는 호소는 그저 비유가 아니다. 그 말엔 뼈가 있다. 모든 외주가 불필요한 것은 아니지만, 삶의 모든 영역에서 타인의 외주를 받는다면 문제가 생긴다. 이런 배경 때문인지 많은 직장인과 밀레니얼 사이에서 취미나 여행이 전보다 더 큰 인기를 끌고 있다. 온라인으로 취미를 구독하는 서비스까지 나왔다. '하비풀hobbyful'과 같은 플랫폼이 대표적이다. 외주 받는 상태에서 벗어나 나를 위해 내 손으로 무언가를 만들어 내는 경험은 정체성의 문제와 맞닿아 있다.

세상은 나에게 외주 일을 주지 않았다. 내 경력은 일감을 외주 받기엔 불충분했다. 대신 나는 세상으로부터 생각을 외주 받는 것도 그만뒀다. 거기서부터 내 콘텐츠가 시작됐다. 남의 생각에 시중드는 일을 그만두기로 했다. 스스로 너무 소진된 나머지 유튜브를 그만두는 사람들을 보면서 힌트를 얻었고, 내가 만들고 싶은 콘텐츠가 아니라면 만들지 않기로 했다. 나로부터 출발한 게 아니라면 애써 무리하게 콘텐츠를 만들려 하지 않았다. 그러다 보니 온전히 나다운 것이 무엇인지 고민해야 했고, 콘텐츠를 만들 때는 내가 확장될 수 있는 주제를 선택한다는 원칙을 만들었다.

회사에서 주인의식을 갖고 일하는 데는 한계가 있지만, 콘텐츠를 만드는 데서는 가능한 일이다. 나는 아주 조금씩 내 인생에서 외주의 영역을 없애 나갔다. 내가 오롯이 주인인 영역을 만들어 보고 싶었다. 다행히도 콘텐츠를 만드는 일에서는 온전히 '내 것'을 만들어 볼 수 있었다. 그리고 그것은 누가 시켜서가 아니라 내가 선택한 것을 내 행동으로 완수한 최초의 경험이기도 했다.

외주外注의 '주注'는 '물 수水'와 '주인 주主'가 결합한 모습인데, 온 힘을 다해 무언가를 집어넣음을 뜻하는 글자다. 그러니까 외부에 내 모든 것을 쏟아낸다는 의미로 볼 수 있다. 내가 아닌 것에다가 나를 쏟아붓는데 번아웃이 오지 않을 리가 없다. 그렇기 때문에 콘텐츠를 만들 때는 '내주內注'를 하는 것으로 시작해야 한다. 내 콘텐츠를 만드는 일이 또 다른 외주가 되어서는 곤란하다.

남의 콘텐츠가 아닌 내 콘텐츠를 시작하면서 내가 확장되는 경험을 할 수 있었다. 처음엔 절박한 마음만으로 콘텐츠를 시작했다. 그 여정을 지금도 이어갈 수 있는 가장 큰 이유는 내 안에 나를 쏟아붓는다는 내주의 즐거움 덕분이다. 외주를 줄이고 내 것을 한다는 건 순도 높은 즐거움이다. 그래서인지 밥 로스 아저씨가 진행하던 프로그램의 이름도 '그림 그리기의 즐거움The joy of painting'이 아닌가. 자신의 일을 하는 데서 오는 즐거움을 감추지 못하는 그의 표정이 어른거린다. 밥 아저씨가 싱긋 웃으면서 말한다. "참 쉽죠?"

나는 'seolab' 대표입니다

일제 강점기에 탄압이 너무 심해지고 성인들의 독립운동을 기대하기가 어려운 상황이 됐을 때, 방정환 선생은 어린 세대에게 희망을 걸어야 한다고 생각했다. 어린이를 주목하기 위해서 최초의 어린이 잡지인 〈어린이〉를 창간하게 된다. 서울의 인구가 30만 명이던 1925년에 〈어린이〉는 10만 부가 판매됐다고 하니, 당시로서는 엄청난 영향력을 보여주는 기록이었다. 이 잡지는 오래가지 못하고 곧 일제 때문에 폐간되고 말았지만, 방정환 선생 덕에 '아들놈', '딸년', '애새끼'로 호명되던 어린이들은 그제서야 '어린이'라는 제대로 된 이름으로 불리기 시작했다.

그는 20대 후반의 나이에 아이들에게 새로운 이름을 주었다. 나는 그 나이에 세상에서 호명되는 방식을 아직 찾지 못하고 있었다. 회사가 만들어주는 명함이 없으니 고민은 꽤 복잡하게 다가왔다. 나는 누구인가? 나는 누구여야 하는가? 나는 무엇이라 불리고 싶은가? 그 혼란을 보여주듯 회사를 떠난 3년간 나는 많은 명함을 만들었다. 앞으로 어떤 일을 하게 될 지도 알 수 없었고, 스스로 어떤 역할을 부여해야 하는지도 몰랐다. 나는 내게 어울리는 이름을 갖고 싶었다.

이런 고민을 알고 있던 동생이 어느 날 내게 'seolab'이란 이름이 어떠냐고 물었다. 읽기에 따라서 '서랩'도 될 수 있고 '서랍'도 될 수 있는 이름이었다. 이미 콘텐츠 제목으로 '생각서랍'을 써봤기 때문에 '서랍'으로 읽히는 게 마음에 들었다. 또 내 성인 '서seo'와 '실험실lab'의 결합으로도 보였다. 그렇게 회사 이름을 seolab으로 짓게 되었다. 여전히 직원은 나를 포함해 한 명이다. 그래도 충분히 만족스럽다. 이름이 멋져서 좋았고, 이름이 생겨서 안도했다. 그렇게 seolab의 대표가 되었다.

회사 이름이 생겼지만 이름을 둘러싼 문제가 모두 해결된 건 아니었다. 아직 역할에 이름이 없었다. 역할을 제대로 표현해 주는 이름이 없다 보니 '작가'로 불리기 시작했다. 지금까지 세 편의 전자책 콘텐츠를 만들었다. 전자책에도 국제 표준 도서 번호ISBN가 붙어 있으므로 엄연히 도서로 분류된다. 그것 때문에 콘텐츠를 만들고 나니 사람들이 나를 '작가'로 부르기 시작한 것이다. 그런데 이 호칭을 들을 때마다 도망가고 싶었다.

내 머릿속 '작가' 카테고리에는 아직도 도스토예프스키나 조지 오웰이 앉아 있다. 이들과 같은 호칭으로 불리는 것이 내게는 너무 민망했다. 출간이 일부 '작가'들에게나 허락되던 시절과 달리, 지금은 생산 도구의 혁명으로 책 출간이 대중화됐다. 게다가 전자책이나 독립 출판 등으로 출간의 형태도 다양해졌다. 거기서 문제가 생겼다. 너무 쉽게 작가라는 호칭이 주어졌다. 내가 '책을 쓴다.'는 표현보다도 '콘텐츠를 만든다.'는 표현을 선호하는 데는 그런 이유도 있다. 나는 책을 썼지만 스스로를 작가라고 생각하지는 않는다.

그렇게 '작가'라는 호칭으로 불리다가 드디어 스스로 '콘텐츠 코치'라는 이름을 붙였다. 이제 내 역할에도 이름이 생긴 것이다. 내가 스스로 코치가 되기로 했을 때, 한 분이 콘텐츠 만드는 일을 도와달라며 나를 찾아왔다. 그분은 대기업에 근무하고 있었고 명함에 번듯한 직함이 있었지만, '사비메이트SabiMate'라는 또 다른 이름을 갖고 있었다. 그 이름은 그녀의 다양한 관심사를 바탕으로 다른 이들에게 서재이자 응접실Salon Bibliotheque을 만들어주는 사람이 되고 싶다는 정체성으로부터 나온 이름이었다.

태어나면서 받은 이름 말고, 회사에서 준 직함 말고, 자신에게 이름을 붙여볼 수 있다. 정체성을 담은 닉네임일 수도 있고 자신의 역할에 이름을 붙여볼 수도 있다. 대단한 사람이라서 붙이는 것이 아니라 스스로를 특별히 바라보기 위해서 붙이는 것이다. 이름 붙이기는 자신의 정체성을 스스로 정의하는 행위다.

비교적 이른 나이에 강의와 코칭을 시작하다 보니 내가 만나는 분들이 연장자일 때가 많다. 그럴 때 상황은 보통 둘로 나뉜다. 처음 만나서 인사를 나누고 5분 내로 나에게 말을 놓는 분들이 있다. 이런 분들은 멀리하는 게 상책이다. 다른 분들은 놀랍게도 내 명함을 받아 들고는 "어떻게 불러 드리는 게 편하세요?"라고 먼저 묻는다. 이런 분들을 만나면 세상이 정말 빠르게 변하고 있음을 느낀다. 별것 아니라고 생각될 수도 있지만 내게는 그 세심한 배려가 마치 병장이 이등병을 존중하며 의사를 묻는 것처럼 다가오기 때문이다. 이렇게 물어오는 분들 덕분에 나는 점차 코치로 불리기 시작했다.

콘텐츠를 만든다는 건 특정한 역할을 자임해 보는 것이다. 어떤 콘텐츠를 만들어야 할지 고민하다 보면 이 문제를 피해갈 수 없다. 내가 기여하고 싶은 사람들에게 내가 누군지 당당하게 말하기 시작해야 한다. 자신이 부여한 이름에 걸맞는 콘텐츠를 만들어나가는 것이다. 그렇게 걷다가 어느 날 뒤를 돌아보면 사람들은 처음부터 그게 당신의 원래 이름인 줄 알 것이다. 처음엔 부끄러울 수 있다. 주위에선 '무슨 이름을 갖고 장난 치나?' 하고 생각할 수도 있을 것이다. 그게 아니다. 자신의 이름을 오랫동안 주목하고 응시하다 보면 나중엔 사람들이 그 이름을 갖고 싶어 한다. 이제 내게도 이름이 생겼다. 나는 seolab 대표이고, 콘텐츠 코치다.

내 첫 해외 고객의 이름은 하산 알리

하산 알리. 내 첫 해외 고객의 이름이다. 2018년에 에버노트 강의 콘텐츠를 해외에 처음으로 수출했을 때 그가 내 콘텐츠를 구매했다. '수출'이라고 표현하니 대단한 일을 한 것처럼 보이지만, 사실 내가 한 일은 동영상을 찍어서 사이트에 업로드한 것뿐이다. 내가 동영상을 업로드 한 곳은 유데미Udemy라는 플랫폼으로 미국에서는 한 달 방문자가 1억 명에 이르고, 사이트 접속량의 순위는 361위로 상당히 규모가 있는 곳이다.

유튜브에도 양질의 콘텐츠가 있지만 유데미는 디자인, 개발, 비즈니스, 언어, 글쓰기 등을 아우르는 거의 모든 분야에 대한 강의 콘텐츠가 올라온다. 이 사이트를 알고 내가 가장 먼저 한 일은, 전 세계에서 올라온 에버노트 콘텐츠를 살펴본 것이다. 스페인, 일본, 미국 등에서 다양한 언어로 업로드된 콘텐츠를 30편 정도 구매하고 모두 들어 보았다. 놀랍게도 대부분의 콘텐츠가 무척 실망스러운 수준이었다. 버튼 몇 개를 눌러보고 기능을 설명하는 데 그쳤다. 더 놀라운 건 그런 수준의 콘텐츠도 평점은 무척 높았다. 자연스럽게 '이건 나도 하겠다.' '내가 더 잘하겠다.' 하는 생각이 들었다.

이 플랫폼을 좀 더 들여다보았다. 이 사이트는 한 달에 방문자가 1억 명 정도인데, 그 가운데 17%가 미국에서 그리고 17%가 인도에서 접속하고 있었다. 영미권에서 접속하는 사람들만 보수적으로 잡아도 3천만 명 이상일 거라는 이야기였다. 평이한 수준의 에버노트 콘텐츠를 올려놓은 미국인에게 몇 명의 수강생이 있는지 살펴보았다. 30,000명이 넘었다. 놀랍도록 충격적인 일이었다. 계산기를 두드려 보니 그 콘텐츠 하나로 그는 연 1억 원 이상을 벌고 있었다. 이게 기업들이 입이 닳도록 말하는 '마켓 사이즈'라는 걸 깊이 이해하게 됐다.

이제 할 일은 정해졌다. 나는 곧 내 콘텐츠가 해외에서 열풍을 일으키는 황홀한 상상에 젖어 영어 버전으로 콘텐츠를 만들었다. 하지만 안타깝게도 내가 상상한 일은 일어나지 않았다. 스크립트를 외워서 안 되는 영어로 설명을 하며 애를 써 봤지만, 업로드를 한 지 1년이 지난 지금도 수강생은 하산 알리를 포함해서 8명뿐이다.

답답한 마음으로 에버노트 말고 다른 콘텐츠들도 둘러보았다. 정말 탁월한 콘텐츠도 더러 있었지만, 한편으로는 내용도 전달력도 별로라고 여겨지는 콘텐츠도 많았다. 그런데도 역시 수강생은 수천 명에 이르고 있었다. 내가 이들의 콘텐츠를 보고 별로라고 말할 수 있는 이유는 한국에 훨씬 뛰어난 콘텐츠가 많다는 것을 잘 알고 있기 때문이다. 이런저런 콘텐츠를 소비하면서 우리나라에 탁월한 콘텐츠를 가진 분들이 정말 많다는 걸 알고 있다.

다른 나라 사람들이 올린 콘텐츠를 보면서 한국의 콘텐츠가 아깝다는 생각이 머리에서 떠나지 않았다. 이 작은 땅에서 한국어로만 콘텐츠를 유통하느라 서로 힘든 싸움을 하고 있는 건 아닐까? 유데미를 보면서 한국에 있는 잠재력 가득한 콘텐츠들이 너무 아까웠고, 이 뛰어난 콘텐츠들을 세계에 선보이고 싶다는 생각을 하게 됐다. 변방에서 등장한 콘텐츠가 세상의 중심을 흔드는 상상만으로도 짜릿함을 느끼고 있을 때, 정말로 그런 일들이 일어나기 시작했다. BTS와 봉준호 감독이 신드롬을 일으킨 것이다. 이들의 성공적인 세계 무대 진출은 내게 많은 시사점을 남겼다.

이미 일부 우리나라 유튜버 가운데는 한국뿐만 아니라 전 세계에 구독자를 가진 사람들도 적지 않다. 또 요즘은 한국 가수가 신곡을 낼 때 해외 유튜브 채널을 통해서 먼저 소개하는 일도 종종 눈에 띈다. 이러한 흐름은 점점 더 자연스러워지고 있고, 기술의 혁신을 통해 텍스트로 된 느린 콘텐츠에도 일어날 수 있는 일이라고 예상하고 있다. 나는 기술이 활자 콘텐츠의 유통을 더욱 자유롭게 할 날이 올 것이라는 사실을 의심하지 않는다.

실패로 끝났지만 내 콘텐츠를 영미권에 제안하는 일이 불가능한 것은 아니었다. 막대한 비용을 들인 것도 아니었다. 이미 BTS와 봉준호 감독 등 많은 선구자들이 한국을 세계에 더 가깝게 소개했고 길을 열어 놓았다. 세계적으로 보면 일산이라는 한국의 한 변방에서 나타난 한 아이돌 그룹의 리더가 UN에서 마이크를 쥐게 될 줄 누가 알았을까?

게임의 룰이 이전과 같았다면 나 역시 이런 생각을 하지 못했을 것이다. 하지만 이미 세상이 많이 달라졌다. 어떤 일이 일어날지 미래는 누구도 예측하지 못한다. 책이라는 가장 느린 콘텐츠가 더 빠르게 세계적으로 유통될 날도 머지않았을 수 있다. 생각지도 못했던 많은 일들이 어느 날 돌아보니 당연해진 것처럼 말이다.

한국은 너무 오랫동안 외국의 콘텐츠를 수입만 해 왔다. 이제는 한국의 콘텐츠를 세계에 제안할 때도 됐다. 변방에서 세상을 빛낼 아이디어를 갖고 나온 'Think different'의 인물들처럼 말이다. 나도 내 콘텐츠와 내가 돕는 사람들의 콘텐츠를 한국뿐 아니라 세계에 소개하려고 차근차근 준비하고 있다. 불확실성으로 가득한 변방에서 세상을 바꿀 아이디어가 나온다.

6장

콘텐츠 유통혁명은 이미 시작됐다

오프라인을 가속하는 온라인

제대하고 이틀 뒤부터 알바를 시작했다. 여느 대학생들처럼 등록금을 마련하기 위해서 고등학교에서 행정 보조 일을 하게 됐다. 그렇게 군대를 벗어나 처음으로 발을 들인 사회가 고등학교였다. 계약 기간 9개월을 채우고 모은 돈으로 복학 신청을 하기 위해 과 사무실을 찾았다. 조교님이 물었다. "국가 장학금 신청했어?" 순간, 알아듣지 못하고 되물었다. "국가, 뭐요?"

군대에 가 있는 동안 국가 장학금이라는 게 생겨났는데 그 단어를 복학 신청하러 간 날 처음 듣게 된 것이다. 정부에서 홍보를 잘한 모양인지 나 빼고 다들 신청한 것 같았다. 제대 후 고등학교라는 생활권에서 머무르다 보니 세상 돌아가는 일에 너무 관심을 갖지 않았다. 부랴부랴 여기저기 전화를 돌려서 겨우 추가 접수를 하고 국가 장학금을 신청할 수 있었다. 그 정보 하나를 놓쳐서 9개월간 모아둔 돈이 날아갈 뻔했다고 생각하니 아찔했다. 20대 중반의 한참 젊은 나이였지만 젊다고 해서 세상의 흐름을 잘 쫓아가는 건 아니라는 생각이 들었다.

세상과 연결되어 있어야 한다는 강박이 생겼고 아이패드를 사게 됐다. 어쩌면 비싼 아이패드를 손에 넣기 위한 그럴듯한 핑계가 필요했는지도 모른다. 2012년 당시에 유행한 앱은 모조리 다운 받아서 사용해 보았다. 그때 에버노트도 처음 사용했다. 지금은 찾아보기 힘든 RSS feed 서비스를 쓰면서 온라인상의 뛰어난 블로거들도 많이 알게 됐다. 게임을 하던 시절 이후 오랜만에 모니터 너머에도 사람들이 있다는 것을 인식하고 다시 온라인과 가까워지기 시작했다.

내가 부랴부랴 온라인에 승선하는 동안에 본격적으로 스마트폰 대중화가 이뤄졌다. 그렇게 온라인은 우리 생활의 일부가 됐다. 일요일 저녁에 온라인에서 유통된 가십 기사는 월요일 점심시간에 빠르게 오프라인으로 옮겨졌다. 온라인이 오프라인을 가속하게 된 것이다. 이 때문에 온라인과 친숙하지 않은 사람들은 점점 오프라인에서 일어나는 일을 따라잡는 데 어려움을 겪기 시작했다. 특히 온라인과 거리가면 노년층에겐 오프라인 현실에서 일어나는 일이 점점 이해하기 어려운 것이 되었다. 온라인을 건너뛰고 만나는 현실은 그저 혼돈으로만 다가오는 것이다.

오프라인 세계는 점점 더 빠른 속도로 온라인의 눈치를 보기 시작했다. 2015년 6월, 미 대법원이 주 정부의 동성 결혼 금지가 위헌이라는 판결을 내렸고, 이에 따라서 미국 전역에서 동성 결혼이 합법화됐다. 오프라인에서 벌어진 판결은 곧바로 페이스북이라는 온라인 공간으로 옮겨왔다. 미국의 페이스북 사용자 중 일부가 대법원의 판결을 환영한다는 의미로 자신의 페이스북 프로필 배경에 무지개 이미지를 넣기 시작한 것이다.

그런데 페이스북은 수억 명의 세계인이 연결된 곳 아니던가. 미국에 이어 한국에서도 이 판결에 동의하는 사람들이 하나둘씩 프로필에 무지개를 삽입했다. 당시에는 '동성 결혼'이라는 이슈가 대다수 사람에게 생소한 것이었는데, 무지개가 온라인 공간에 토론을 일으켰다. 얼마 지나지 않아서 토론을 넘어 싸움이 시작됐다. 정치와 종교까지 가세하면서 불은 자꾸 커졌다. 그리고 얼마 안 가서 그 온라인상의 불은 오프라인에서 재점화됐다.

이제는 '동성 결혼'을 비롯한 '성별'과 '성 정체성'을 둘러싼 새로운 이슈들이 훨씬 더 복잡하고 까다로운 양상으로 오늘까지도 이어지고 있다. 이 와중에 확실한 점 한 가지가 있다. 이제는 누구도 다루기 복잡하고 언급하기 까다로운 이 주제들을 없는 것으로 생각할 수 없게 되었다는 것이다. 한국 사회 역시 시대를 흔드는 세계적인 이슈들을 외면한 채 머물러 있을 수는 없었다. 온라인이 없었다면 이런 변화가 있기까지 몇 세기가 걸렸을지 모른다.

요즘 대다수의 앱은 PC 버전과 스마트폰 버전을 동시에 제공한다. 그러면 사용자는 '동기화Synchronization'기능으로 어느 기기로 접속해도 같은 내용을 확인할 수 있다. 마찬가지로 이젠 온라인과 오프라인이 동기화되어 간다. 동기화에 걸리는 시간도 짧아지고 있다. 동기화하는 데 전에는 1년이 걸렸다면, 6개월, 3개월을 지나 이제는 거의 실시간으로 가능해졌다.

국가적 이슈는 회사 점심시간에 오프라인에서 회자되고, 퇴근 시간 이후 뉴스 댓글 창에서 한 번 더 회자된 뒤, 저녁 시간에 유튜브 채널에서 언급된다. 다음 날 아침이 되면 해당 이슈는 어느 정도 종결되고 점심시간엔 다른 이슈로 넘어가게 된다. 스마트폰 보급률이 가장 높다는 '다이나믹 코리아'에서 흔히 볼 수 있는 모습이다.

이렇게 실시간으로 동기화된 세상은 콘텐츠의 세계를 바꾸고 있다. 콘텐츠도 마찬가지로 온라인과 오프라인을 오가며 동기화되기 시작한 것이다. 백만 명 이상의 구독자를 둔 유튜브 채널 '박막례 할머니'와 '흔한남매'처럼 말이다. 구글과 유튜브의 CEO를 만나고 온 전무후무한 73세 크리에이터 박막례 할머니는 최근에《박막례, 이대로 죽을 순 없다》를 출간했고, 이 책은 베스트셀러가 됐다. 아직 유튜브에 관심이 없는 사람도 책을 보고 유튜브를 구독하기도 하고, 거꾸로 유튜브 구독자는 책을 사서 읽는다. 흔한남매가 출간한《흔한남매》는 출간 즉시 베스트셀러에 올랐다. 온라인과 오프라인이 동기화되면서 이젠 이런 일들이 자연스러워졌다. 만드는 사람도 소비하는 사람도 온라인과 오프라인을 자유롭게 오가며 소통하는 것이다.

이미 콘텐츠 자본가들은 온라인에서의 자본을 오프라인으로 옮겨다 놓고, 오프라인의 자본을 온라인으로 가져가면서 이 흐름을 활용하고 있다. 세상에 필요한 콘텐츠를 만들어 내놓는다면 앞으로 그것은 양쪽을 빠르게 오가면서 동기화될 것이다. 온라인 세상이 열린 이래로 가장 다이내믹한 시대를 살고 있는 게 분명하다.

콘텐츠 유통혁명은 이미 시작됐다

BTS의 소속사 빅히트 엔터테인먼트의 기업 가치는 2조 이상으로 평가된다. BTS가 세계적으로 이룬 '빅히트' 덕이다. 방시혁은 BTS라는 큰 그림을 어떻게 그릴 수 있었을까? 지난 몇 년간 엔터테인먼트 산업에 불어닥친 변화와 그들의 시도가 씨줄과 날줄로 켜켜이 얽혀 그 토대를 만들었다. IT 혁신은 엔터테인먼트 기업들에게는 호재였다. 2000년대 후반부터 디지털 음원 시장과 스트리밍 시장이 열리기 시작한 것이다. 엔터테인먼트 기업들은 물성이 있는 앨범만을 판매하던 때와는 다르게, 디지털 음원으로 추가적인 수익을 얻을 수 있었다.

디지털 음원 시장이 막 열리던 때 한국에서는 더 올라갈 곳이 없다며 JYP 엔터테인먼트의 대표 박진영은 원더걸스와 미국 진출을 준비하고 있었다. 박진영은 '원더걸스 미국 상륙작전'을 위해서 미국 현지 홍보사와 가수, 음반산업 관계자들을 찾아가 원더걸스를 적극적으로 알리기 시작한다. 몇 년간 발로 뛰면서 미국 진출을 준비했던 JYP는 뜻밖의 사태에 맞닥뜨린다. 2008년 리먼 브라더스Lehman Brothers 사태의 여파로 월스트리트가 무너졌고, 이에 큰 타격을 입은 현지 음반사가 JYP에 계약 파기를 알려온 것이다. 그동안 들였던 수고는 수포로 돌아갔고 원더걸스의 해외 진출은 그렇게 무산되고 만다.

박진영과 원더걸스가 미국에서 고전하던 2010년 무렵에는 유튜브가 한국에 본격적으로 상륙하고 있었다. 미국에 가지 않고도 미국 시장에 자신을 알릴 수 있는 기회가 생긴 것이다. 잘 알려진 것처럼 그 기회는 싸이에게 가장 먼저 찾아왔다. 2012년 7월 15일 업로드 된 싸이의 '강남스타일'은 누적 조회수 34억 뷰라는 전무후무한 기록을 남겼고, 싸이는 세계 각지에서 러브콜을 받게 된다. 그러나 안타깝게도 '강남스타일' 이후 싸이가 내놓는 곡들은 조회수가 눈에 띄게 떨어졌고 그는 반짝 스타로 남게 됐다. 곡은 히트했지만 싸이는 유튜브 구독자와 관계를 만들지 못한 것이다. 곡만 있었지 싸이는 없었다.

이렇게 조금씩 BTS가 빅히트할 수 있는 조건이 갖춰져 갔다. 방시혁의 빅히트 엔터테인먼트는 디지털 음원 시장의 활성화와 유튜브를 통한 데뷔라는 방법을 적극 활용한다. 그들은 '강남스타일'이 흥행을 일으킨 2012년 연말에 유튜브 채널 'BANGTANTV'를 시작한다. 이들은 싸이의 실패의 원인을 참고해서인지 채널에 곡만 업로드하지 않았다. 시작부터 구독자와 꾸준한 관계를 형성해나가는 채널로 적극 활용한 것이다. 리더 RM이 팬들에게 자신의 다짐을 전하는 초기 영상을 시작으로 BTS는 긴 시간 동안 전 세계의 팬들과 두터운 관계를 쌓아 왔다. 그 시간이 고스란히 누적된 결과, 지금 BTS의 유튜브 채널은 BTS의 강력한 팬인 2,200만 명의 '아미ARMY'와 함께 하고 있다. 이 채널은 전세계 음악인 유튜브 채널 가운데 23위다. 물론 이러한 결과는 BTS가 선보이는 탁월한 음악과 퍼포먼스 그리고 BTS만의 철학이라는 내재적인 요소가 있었기에 가능했다. 그 탁월함이 없었다면 이 모든 일은 하나의 '구상'에 불과했을지 모른다.

유튜버 '대도서관'은 유튜브를 가리켜 콘텐츠 혁명이 아닌 유통혁명이라고 말한다. 공간과 시간을 초월한 콘텐츠 유통이 가능해졌다는 것이다. 유통혁명은 유튜브 콘텐츠에 국한된 이야기는 아니다. 경북 영주에 위치한 동양대학교에서 강의를 마치고 질문을 받고 있을 때였다. 보건사범대학의 어느 교수님께서 내 콘텐츠를 잘 읽어 봤다며 인사를 건네 주셨다. 그분은 내 콘텐츠를 참고해서 독서 노트를 비롯한 각종 정보를 어떻게 정리하고 있는지 내게 보여 주셨다. 전자책으로만 나온 내 콘텐츠가 내게서 멀리 떨어진 곳에서도 정말 읽히고 있다는 걸 눈으로 확인하니 무척 반갑고 신기했다.

우리의 일상에는 유튜브와 넷플릭스 그리고 웹툰과 전자책에 이르기까지 다양한 형태의 콘텐츠가 이미 깊게 파고들었다. 콘텐츠를 온라인으로 소비하는 것은 이제 새로운 일도 아니다. 온라인을 통해서 어떤 콘텐츠에도 쉽게 접근할 수 있게 됐다. 이미 친숙해진 변화다. 재밌는 건 내 콘텐츠를 온라인에 유통하기 시작할 때, 비로소 '유통혁명'의 의미가 새롭게 다가온다는 것이다.

내가 앞서 만든 콘텐츠는 전부 전자책으로만 출간이 됐었다. 이렇다 보니, 가끔 웃지 못할 에피소드도 생긴다. 한번은 출간 소식을 페이스북에 올렸더니 어느 분에게 메시지가 왔다. 광화문의 모 서점에서 내 책을 봤다며 축하를 전해온 것이다. 당혹스러웠다. 그 콘텐츠는 서점에서 유통되지 않는다. PC나 스마트폰의 뷰어 프로그램으로 봐야 하는 콘텐츠다. 물론 그분에게 그 설명을 하진 않았다. 내게 보내 주는 응원에 감사하다고만 마음을 전했다. 당혹스러운 메시지였지만, 어쩌면 어떤 사람들에게는 아직 '전자책'이라는 콘텐츠가 당혹스러운 것인지도 모르겠다는 생각이 든다.

서점이라는 오프라인 공간에 유통되는 콘텐츠는 이 책이 처음이다. 내가 이전에 만들었던 모든 콘텐츠는 온라인을 통해서만 유통됐다. 동영상 콘텐츠를 만들어서 올렸고 브런치에 글을 썼다. 브런치에 쓴 글을 토대로 전자책 출간계약이 이루어졌으며, 출간된 전자책은 온라인으로만 읽혔다. 나는 아직 단 한 번도 오프라인으로 독자와 연결된 적이 없었다.

내 유튜브 채널 '서튜디오'에는 고작 10개도 안 되는 영상이 올라가 있지만 재생된 시간을 모두 합치면 16,000분으로 약 240시간이 나온다. 유데미에 올린 동영상 콘텐츠는 구매자 580명이 한 시간씩 시청했다고 계산하면 580시간이다. 동영상만 보자면 사람들이 내 콘텐츠를 소비하는데 820시간을 쓴 셈이다. 또 브런치에 올린 글은 모두 14만 명이 보았고, 전자책 콘텐츠는 약 6,000여 명에게 읽혔다. 내겐 이 유통혁명이 기적으로 다가온다.

《회색인간》의 김동식 작가는 독특하게도 유머 사이트를 유통 채널로 활용했다. 그는 스마트폰 메모장에 혼자 써 오던 단편 소설을 사람들과 공유하고 싶었다. 유머 사이트에 날 것의 원고를 올리기 시작했는데, 그러다 이미 책을 출간한 경험이 있는 김민섭 작가의 눈에 띄어 출간 기회를 만나게 된다. 그렇게 김동식 작가는 출판사에 원고를 투고하지 않고도, 사이트 방문자들과 피드백을 주고받으며 책을 출간할 수 있었다. 만일 그가 종이책을 출간하겠다고 원고를 들고 출판사를 찾아다녔다면 세상은 아직 《회색인간》을 만나지 못했을 수도 있다.

콘텐츠는 온라인에서 부력을 갖는다. 광활한 온라인의 바다에 콘텐츠를 띄워서 사람들이 발견하도록 해야 한다. 콘텐츠를 만들었다면 컴퓨터의 폴더에 잠자코 잠만 자게 해서는 안 된다. 온라인이라는 공간에 어떤 형태로든 올려 두지 않았다면 내 콘텐츠 가운데 어느 하나도 발견되지 못했을 것이다. 콘텐츠를 유통하는 일은 분명히 계속 쉬워지고 있다. 활용하기로 마음먹고 바라보면 이 모든 상황은 대도서관의 말처럼 '유통혁명'이 맞다.

생산적인 뇌가 좋아하는 오프라인

하루에 온라인에 접속하는 시간은 얼마나 될까? '스크린 타임' 기능으로 스마트폰 활용 시간을 체크해보니, 유튜브를 하루 1시간씩이나 보고 있었다. 충격이었다. 원고를 쓰는 기간이라서 SNS는 삭제하고 지냈지만, 대신 유튜브를 보고 있었던 것이다. 잠깐 머리 식힐 겸 한두 번 실행한다고 생각했는데 실제로 온라인에서 보내는 시간을 눈으로 확인하니 상당한 충격이었다.

온라인에 이렇게 상시로 접속하는 일은 이제 친숙해졌다. 반면, 오프라인 상태로 지내는 시간은 어떨까? 오프라인 상태일 때가 없는 건 아니지만 내 생각이 한곳에 정착해서 고요하게 머무는 시간은 거의 찾아볼 수가 없게 됐다. 오프라인 상태에 머무르기보다는 대체로 온라인상에서 링크를 타고 생각이 날아다닌다. 매리언 울프Maryanne Wolf는 이를 가리켜 '방황하는 생각'이라 했는데, 금방 공감이 간다.

한 가지 생각을 오랫동안 하기가 어렵다. 이 주제에서 저 주제로 마구 뛰어다니는 생각을 부여잡는 게 점점 어려워진다. 마치 내 머릿속에 수십 개의 인터넷 창이 띄워진 것만 같다. 어느 것 하나에도 제대로 집중을 못 하는 것이다. 이런 환경에 놓이다 보니 군대 시절이 생각날 수밖에 없다. 군대에서는 강제적으로 대부분의 시간을 오프라인 상태로 보낼 수 있었다. 외부 자극이 거의 없는 단절의 시간이었다. 오프라인 상태에 머무르는 감각이 어떤 건지 군대에서 확실하게 경험했다. 그런데 그게 마지막 경험이 되리라고는 당시엔 상상하지 못했다. 제대할 무렵부터 스마트폰 시대가 열렸기 때문이다.

제대 이후에는 그런 시간을 만들기가 정말 어려웠다. 수많은 자극과 알림, 그리고 다양한 콘텐츠로부터 벗어날 수가 없다. 원고를 쓰는 기간엔 SNS 접속을 피하고 있지만, 원고를 마치고 나면 금방 '좋아요'에 길들어서 세상과 연결되려고 할 것이 분명하다. 그래도 오프라인 상태로 돌아가는 연습을 포기할 순 없다. 오프라인 상태에 머물 수 있어야 콘텐츠를 만들 수 있기 때문이다.

콘텐츠를 유통하려면 온라인을 활용해야 하지만, 콘텐츠를 만들 때는 생각을 머릿속에서 유통해야 한다. 끊임없이 외부의 자극이 주어지는 상태에서는 콘텐츠를 만들 수 없다. 오프라인 상태로 돌아가기 위한 세 가지 방법이 있다. 내 경우에 원고를 쓰는 기간에 가장 많이 하는 활동이기도 하다. 그 세 가지는 바로 걷기, 기록하기 그리고 대화하기다.

첫 번째로 걷기다. 사무실 근처에 서울숲이 있어서 자주 산책하러 나간다. 어느 날은 한 방향으로 빙빙 돌고, 다른 날엔 중간에 뻗어난 길로 이리저리 아무렇게나 걷는다. 공원의 모습에 눈길을 주면서 내 의식은 몇 가지 주제를 탐색하며 걷는다. 이렇게 산책을 하다 보면 내가 미처 생각하지 못했던 게 떠오르고, 막혀 있던 생각이 뚫리는 경험을 자주 한다. 어떻게 접근해야 할지 몰랐던 글에 대한 힌트가 떠오르고, 관련 없는 소재를 연결 지어 생각하게 된다.

머릿속에 지도가 한번에 그려지지 않는 서울숲도 걷다 보면 점차 파악된다. 고양이들이 출몰하는 이쪽 길과 저쪽 광장이 연결되기 시작한다. 산책로가 연결되어 머릿속에 그려지듯이, 생각의 길도 연결된다. 지도가 머릿속에 훤히 그려지면 내가 원하는 길로 편하게 다닐 수 있는 것처럼 내 생각의 길도 자유롭게 걸어 다닐 수 있다.

산책하러 나가는 게 너무 번거롭다면 출퇴근길에 몇 정거장 전에 내려서 걸어도 좋다. 스마트폰을 잠깐 넣어두고 내가 집중하고 싶은 주제에 대해 생각하며 15분 정도 걸어보는 것이다. 내 생각에 집중한다는 게 어떤 감각인지 금방 경험하게 된다. 콘텐츠를 만들려고 한다면 온라인에서 생각이 방황하는 시간을 점차 줄이고, 대신 내 생각 사이를 이리저리 휘저으며 산책을 시작해야 한다. 그러다 보면 생각에도 길이 생긴다.

두 번째는 기록하기다. 군대에서 거의 매일 일기를 썼다. 일기가 준 많은 유익이 있지만, 내게 가장 큰 의미로 다가오는 게 하나 있다. 손으로 쓰면, 생각이 그보다 빠르게 나아갈 수 없다는 것이다. 자연히 생각의 속도는 손으로 쓰는 속도를 앞지르려고 하지 않게 된다. 쓰는 속도에 맞춰져서 걷듯이 생각할 수 있다.

그래서 지금도 생각을 많이 필요로 하는 작업을 할 땐 펜을 쥐고 종이에 끄적거리며 단서를 찾는 편이다. 이 책을 쓸 때도 개요를 잡는 일은 대체로 종이에 펜으로 끄적거리면서 완성했다. 생각이 어느 정도 정리되면 그때 디지털 도구를 사용한다. 생각의 속도는 손으로 쓰는 속도와 맞춰질 때 가장 편안함을 느낀다. 모니터를 바라보면서 키보드 위에 손을 올려놓고 글을 써본 일이 있다면 이런 경험이 있을 것이다. 손가락은 분당 600타의 속도로 내달릴 준비가 되어 있는데,

생각은 멍하기만 하다. 이럴 때는 노트북과 스마트폰을 치워두고 진짜 노트를 찾는다. 노트를 펼치면 내 생각도 열린다.

세 번째는 대화다. 좋은 사람들과 즐겁고 생산적인 대화를 나누다보면 자주 새로운 생각이 떠오른다. 대화 상대가 없을 때는 그 대안으로 팟캐스트를 통해 다른 이들의 대화를 듣는 방법도 있다. 유튜브엔 재밌는 콘텐츠가 정말 많아서 연관 콘텐츠를 보다 보면 시간 가는 줄 모르게 된다. 하지만 몇 시간을 정신없이 보고 나면 가벼운 피로감에 살짝 멍해진다. 유튜브 콘텐츠를 천천히 살펴보면 알 수 있듯, 고작 5분 안에도 상당히 많은 정보가 들어 있다. 유튜버의 표정, 대사, 그리고 잘 편집된 자막과 음악 등 다양한 내용이 담겨 있다. 이런 정보를 한꺼번에 받아들이다 보면 5분 남짓의 영상을 보는 것만으로 뇌는 금방 피로감을 느끼게 된다.

반면에 오디오로만 전달되는 팟캐스트를 들을 때는 달라진다. 특히 여러 명이 대화를 나누며 진행하는 팟캐스트는 더욱 그렇다. 일반적으로 대화를 나눌 때 사람들은 동시에 말하지 않는다. 야구의 규칙처럼 한 사람이 말하고 다른 사람이 넘겨받는다. 이들이 주고받는 한 마디 한 마디에 귀를 기울이며 따라가면, 나도 모르게 고개를 끄덕이며 대화에 몰입하게 된다. 이렇게 대화에 직간접적으로 참여할 때 아주 손쉽게 오프라인 상태를 경험하게 된다.

어쩌면 걷고, 기록하고, 대화하는 건 우리가 오프라인 상태가 될 수 있는 몇 안 되는 방법이 되었는지도 모른다. 아무 생각 없이 온라인에서 시간을 보내면 뇌는 소모적이 된다. 반면에 오프라인 상태로 머물면 뇌는 생산적으로 활동하기 시작한다. 원래 우리에게 친숙했던 이 세 가지 활동을 되찾는 것으로 생각을 활성화하는 연습을 시작할 수 있다.

링크 앞에서 정신 차려야 하는 이유

지난 7월에 방영된 SBS 다큐멘터리 〈난독시대〉에서는 스마트폰으로 인해 위협받고 있는 독서 문화를 흥미롭게 소개한다. 이 다큐멘터리에서는 한때 독서가였지만 이제는 책을 읽는 게 어렵다고 호소하는 사람이 출연하는데, 제작진은 특수 제작된 안경을 출연자에게 씌우고 동공의 움직임을 추적했다. 그 결과가 충격적이었다.

종이책을 숙독하는 사람의 동공은 좌우로 촘촘한 동선을 그리면서 이동하고, 주요 단어에 시선이 조금 더 머무르는 특징을 보였다. 반면에 스마트폰에 길들여진 출연자의 동공은 세로로 기다란 화면을 따라서 위, 아래로만 산만하게 움직이고 있었다. 중간에 텍스트를 건너뛰기도 하고, 갑자기

스크롤을 올려서 시선이 한참 윗부분으로 점프하는 등 동공의 움직임이 무척 불안해 보였다. 스마트폰은 동공의 움직임만 바꿔 놓은 것이 아니었다. 우리의 생각하는 방식까지 바꿔 놓고 있었다. 〈난독시대〉에 나온 인지 신경학자 매리언 울프는 지난 10년간 책을 읽을 때 뇌가 어떻게 변하는지를 연구해 왔다. 울프는 전작인《책 읽는 뇌》에서 독서는 선천적인 능력이 아니고 인류가 만든 발명품 중 하나이며 이 발명품을 통해 뇌 조직을 재편성하고 사고 능력을 확대하게 만든 인류 역사 최고의 발명품이라고 한다.

그녀의 말처럼 인류가 오랜 기간에 걸쳐 후천적으로 쌓아온 지적 능력은 현재 디지털 시대로 인해 크게 크게 위협받고 있다. 콘텐츠를 생산하는 나도 비슷한 문제를 맞닥뜨리곤 한다. 디지털 도구를 켜 놓은 상태로 작업을 하다 보면 정말 그렇다. 내 의식은 다양한 볼거리에 눈을 뺏기고, 여러 링크에 느슨하게 연결된 상태로 멈춰 있을 때가 많았다. 들쭉날쭉한 시선의 이동은 정신을 산만하게 한다. 또 한편으로는 키보드에 손을 올려놓는 순간, 분당 600타에 이르는 타이핑 속도 때문에 모니터상의 활자가 내 생각을 앞질러가곤 한다. 생각이 손가락을 따라가기 바쁘다.

그래서 콘텐츠 작업을 할 때 나만의 중간 과정을 마련했다. 글과 글감이 적당히 쌓이면 노트북으로 작업하던 것을 멈추고 내용을 인쇄한다. 그러면 모니터에 적응했던 눈은 종이 위에 가뿐하게 착지한다. 깜빡거리는 커서도 없고, 고정된 활자를 따라서 시선은 느리게 이동한다. 생각은 침착해지고 머릿속은 차분해지는 것을 느낄 수 있다.

내 뇌는 한때 게임에 최적화되었다. 즉각적인 반응만을 필요로 하는 게임을 오래 하다 보면 내가 무슨 생각을 하려고 했는지 한참 더듬거리게 된다. 실시간으로 주어지는 자극을 소화하느라 기계적으로 반응 속도만 높아지곤 했다. 게임할 때만 그런 건 아니다. 목적이 있어서 스마트폰을 켜도, 관심을 끄는 링크를 타고 다니다 보면 왜 켰는지 이유를 잊는 게 일상다반사다.

오프라인 상태로 돌아간다는 것은 외부에서 유입되는 자극의 빈도와 자극의 크기를 통제하겠다는 말이다. 대신 내 생각 안에서 일어나는 자극을 관찰하기 시작한다는 것이다. 머릿속에서 아이디어가 서로 충돌하고 또 그것을 이해하기 위해서 두뇌가 작동한다. 이전처럼 내 머리로 생각을 하게 되는 것이다.

10여 년에 걸친 인터넷과 스마트폰 사용 때문에 우리의 뇌는 링크를 타고 다니는 일에 길들여졌다. 니콜라스 카는 '전환 비용Swiching Costs' 때문에 링크에 길들여지는 것이 위험하다고 지적한다. 우리는 특정 페이지에 머물다가 정보를 미처 소화하지도 않고 0.5초 만에 다른 페이지로 이동을 한다. 이때마다 뇌가 스스로 방향을 다시 잡고, 정신세계에 더 많은 부담을 안겨 준다는 것이다. 컴퓨터 과학자인 시모어 페퍼트Seymour Papert는 이를 '메뚜기 정신'이라고 정확히 표현하기도 했다.

링크 앞에서 정신 차려야 하는 이유가 또 있다. 온라인상의 거대 플랫폼들이 우리가 온라인 공간에서 조금씩 흘리는 주의력을 모아서 수익으로 전환할 방법을 찾고 있기 때문이다. 이들은 어떻게 하면 우리의 시선을 더 많이 붙잡아 둘 수 있을지 치열하게 고민하고 있다. 칼 뉴포트는 페이스북 같은 기업들이 '주의 공학Attention Engineering'이라는 분야를 개척하고 있다고 밝힌다. 사람들의 눈길을 어떻게 하면 더 오래 붙잡아 둘지를 고민한다는 것이다. 온라인 시대를 살아가는 우리는 이 위협에 늘 노출되어 있다. 의식적으로 주의력을 통제하지 않으면 주의력을 다 뺏기고 말 것이다. 까딱하다간 이들의 쉬운 먹잇감이 된다.

매리언 울프의 《다시, 책으로》의 원제는 '독자들이여, 집으로 돌아오라Reader, Come Home.'이다. 책을 읽는 사람이라면 누구나 그 시간을 경험해 봤을 것이다. 산만한 머릿속이 개운해지면서 시간이 느려지는 순간이다. 영미 시인 T.S. 엘리엇은 이를 날카롭게 포착해서 독서를 '변하는 세상 속 정적인

지점'이라 표현했다. 독서는 산책하듯 거니는 시간을 허락해 준다. 그렇게 느릿느릿 걷다 보면 생각에 소실점이 생긴다. 뚜렷한 하나의 점을 응시할 수 있게 해 준다. 책을 읽다 보면 링크가 주는 자극과 다른 종류의 자극이 내 생각 안에서 풍성하게 일어난다.

빠른 미디어는 내 생각이 개입할 여지를 주지 않는다. 그렇기 때문에 내가 생각하지 않아도 되도록 만든다. 느린 미디어는 정보를 불친절한 방식으로 전달한다. 그래서 내가 생각하도록 만든다. 빠른 미디어가 주는 자극은 산발적이고 동시다발적이다. 이 자극을 수용하느라 내 머리는 산만하고 바쁘다. 반면에 느린 미디어는 내 생각 안에서 자극이 일어나도록 한다. 그렇기에 내 생각을 충돌시키고 확장하느라 분주해진다. 느린 미디어를 접할수록 복잡한 주제도 숙고하고, 구성할 수 있는 생각의 힘을 기를 수 있는 것이다.

노교수의 집필실은 최첨단이었다

디지털 도구 강의를 해오면서 발견한 게 하나 있다. 젊다고 디지털 도구를 잘 활용하는 것은 아니며, 나이가 들었다고 디지털 도구 사용이 미숙한 것도 아니다. 아흔이 넘은 이어령 작가만 보더라도 컴퓨터 6대를 동기화해 두고, 에버노트를 비롯한 각종 도구를 동원해서 최첨단 집필 환경을 갖추고 있다. 이어령 작가에게 자극을 받은 후, 나도 콘텐츠 작업에 필요한 디지털 환경을 틈틈이 개선하는 편이다. 게임을 하면서 쌓인 도구 활용 능력을 제대로 발휘하고 있는 셈이다.

강의를 하며 다양한 그룹을 만나곤 하는데, 내가 가장 높은 공감대를 형성하는 그룹도 사실 게임과 관련이 깊다. 이 그룹은 80년대 이후 출생한 남성들이다. 이들 가운데 'alt'와

'tab' 키를 동시에 누르는 단축키를 모르는 사람은 없었다. 매우 드물게 이 단축키를 처음 들어본다는 분도 있긴 했다. 그분은 게임을 해본 적이 없을 확률이 높다. 왜냐하면 그 단축키들은 PC 게임을 한 번이라도 접한 사람에게는 모국어 같은 것이기 때문이다. 반면에 여성의 경우 남성보다 게임을 많이 하지 않기 때문에 이 단축키를 처음 보는 분들도 적지 않았다. IT 도구는 이렇게 사람들에게 각기 다른 속도로 다가온다.

다년간의 관찰에 의하면 IT 도구를 잘 쓰는 일은 연령이나 성별에만 달려 있지 않다. 그보다는 도구 활용에 얼마나 큰 관심이 있는지가 관건이다. 관심이 있는 사람만이 도구 활용 능력이 좋아진다. 노트북과 스마트폰이 점진적으로 우리 생활에 깊숙하게 파고들었지만 어디서도 따로 배울 기회는 없었기 때문이다. 그저 개인에게 맡겨져 있는 영역이다. 일상적으로 관심을 두고 조금씩 연마하지 않으면 어느 날 너무 뒤처진 자신의 모습을 발견하게 된다.

우리가 일상을 바쁘게 보내는 사이에 디지털 생산 도구도 많이 등장했다. 콘텐츠를 만드는데 필요한 도구들은 지금 이 순간에도 혁신을 거듭하고 있다. 유튜브 콘텐츠를 만들고자 한다면 1분 만에 채널을 개설할 수 있다. 지메일Gmail 계정을 무료로 만들면 유튜브 채널이 주어진다. 요즘 출시되는 스마트폰을 활용하면 영상을 만드는 것도 문제없다. 스마트폰과 지메일 계정만 있으면 유튜브를 시작할 수 있는 것이다. 영상에 자막은 어떻게 달 수 있을까? 동영상 편집 프로그램을 익힐 수도 있지만, 배우기에 까다롭다면 음성을 인식해서 자동으로 자막을 만들어주는 'Vrew'라는 앱을 활용하면 된다. 뛰어난 국내 스타트업이 만들어 무료로 배포하고 있는 도구다.

내가 유데미라는 플랫폼을 통해 강의 콘텐츠를 해외에 팔 수 있겠다는 생각을 한 것도 다양한 생산 도구들이 있다는 걸 알고 있었기 때문이다. 하드웨어로는 스마트폰과 맥북을, 소프트웨어로는 '스크린플로우Screenflow'와 에버노트를 사용해서 어렵지 않게 내 콘텐츠를 해외에 판매할 수 있었다. 또 영어 실력이 모자라기 때문에 한글 자막을 만들어서, 미국의 파이버Fiverr라는 플랫폼을 통해 찾은 번역가에게 작업을 맡겼다. 이 사이트가 전부 영어로 되어 있어서 난감하다면 구글 번역기를 사용하면 페이지 전체를 번역해 준다. 앞서 언급한 도구들의 사용법이 궁금하다면 정말 간단한 방법이 있다. 유튜브에 도구 이름을 입력해보라. 전 세계의 유튜버들이 사용법을 친절히 알려 줄 것이다.

조금 더 나가보면 기술적으로는 이미 누구나 방 안에서 하루 만에 전자책을 제작할 수 있는 환경이 갖춰져 있다. 그런 기술이 모두 공개되어 있고 접근도 가능하다. 다소 까다롭긴 하지만 원고를 전자책 포맷인 '이펍ePub'으로 전환해 주는 '시길Sigil'을 익히면 누구나 전자책을 출간할 수 있다. 좀 까다롭기는 해도 출판 역사상 생산을 가장 쉽게 해 주는 도구다. 내가 출판사를 만들고 원고를 쓰고 출간까지 하는데 노트북 하나로 모두 해결할 수 있었던 이유도 여기에 있다.

콘텐츠를 만드는 사람으로서 유독 고마운 도구 두 가지가 있다. 한 가지는 'speech to text'라는 도구다. 구글 문서를 열고, '음성 입력' 기능을 활성화하면 내가 입으로 소리 내어 말하는 문장을 텍스트로 입력해 준다. 도구에게 받아쓰기를 시키는 것이다. 디지털 도구를 이른 나이부터 써 온 사람들은 손목과 손가락을 혹사했기 때문에 되도록 타이핑하는 일을 줄여야 한다. 그래서 나는 이 기능을 활용해서 구두로 원고를 쓰기도 한다. 구글의 노력 덕분에 해마다 음성 인식률이 놀랄 만큼 좋아지고 있다. 중간에 영어 단어를 섞어 말하면, 그 부분은 영어로 받아 적는다.

반대 성격의 기능도 있다. 'text to speech'라 불리는 이 기능은 퇴고할 때 주로 활용한다. 이 기능은 기계가 텍스트를 읽어주는 기능이다. 역시 구글에서 무료로 제공하고 있다. 내 경우에는 구글을 사용하지 않고 리디북스라는 전자책 플랫폼의 뷰어를 활용한다. 원고의 분량이 어느 정도 되기 때문에 이 부분에서는 리디북스를 활용하는 편이 더 낫다. 방법은 간단하다. 원고 파일의 형태를 이펍 포맷으로 바꾸고 리디북스 뷰어로 연다. 그러면 뷰어가 내 원고를 읽어준다. 텍스트를 눈으로 따라 읽는 것과 귀로 듣는 것은 완전히 다른 활동이다. 퇴고할 일이 있을 때 자신이 쓴 글을 음성으로 들어 보면 생산성이 무척 높아지는 것을 경험할 수 있다.

도구의 문제는 누구도 신경 써주지 않는다. 철저히 개인에게 맡겨져 있다. 우리의 시간이 유튜브에 스펀지처럼 빨려 들어가는 사이, 누군가는 생산 도구를 사용해서 세상에 콘텐츠를 내놓고 있다. 훌륭한 콘텐츠가 머릿속에서만 맴돌고 있다면 너무 아까운 일이다. 코칭을 하며 여러 번 확인하지만, 머릿속에 있는 생각을 꺼내놓기만 해도 선명하게 보이는 것들이 있다. 여러 도구를 최소한으로만 익혀도 생각을 꺼내는 작업이 수월해진다. 생각을 자주 꺼내놓는 습관을 들인다면 어렵지 않게 콘텐츠 생산자로 발을 뗄 수 있다.

잠들지 않는 '0과 1의 세계'

브루스 윌리스 주연의 영화 〈써로게이트〉는 '써로게이트'라는 로봇이 등장한 미래 사회를 흥미진진하게 그리고 있다. 써로게이트는 인간을 본따서 만든 로봇인데, 사용자인 인간이 로그인해서 조종할 때 움직인다. 써로게이트는 가상 공간에 존재하는 아바타가 아니라, 현실에 존재하는 아바타인 것이다. 영화는 이 로봇을 통해서 정체성에 대해 인상적인 화두를 던진다.

〈써로게이트〉는 로봇의 세계를 그리고 있지만, 온라인과 오프라인을 동시에 살아가는 우리의 모습을 잘 담고 있기도 하다. 현실에서는 지하철에 몸을 싣고 있지만 의식은 유튜버의 여행 현장에 머무는 것이 그리 어색한 일이 아니다. 온라인과 오프라인이라는 두 영역에 걸쳐진 우리의 모습은 이제 낯설지 않다.

커리어를 확장하려는 사람들은 이런 점을 적극 활용하고 있다. 작년 12월 출간한《생산적인 생각습관》의 표지 디자이너를 구할 때 인스타그램을 이용해서 디자이너를 구할 수 있었다. 인스타그램은 일상 사진을 올리는 곳 정도라고 생각했는데, 디자이너들은 다르게 활용하고 있었다. '#책표지디자이너', '#표지디자인' 같은 해시태그로 검색해보니 디자이너들이 올려놓은 수많은 포트폴리오가 나타났다.

디자이너들에게만 이런 플랫폼이 있는 건 아니다. 음악을 하는 사람들은 '사운드클라우드'를 이용한다. 자신의 데모 연주곡, 연주와 프로듀싱 작업물을 여기에 올려서 커리어 확장의 기회를 찾는다. 활자 중심의 콘텐츠를 만드는 사람들이 활발하게 애용하는 '브런치'도 비슷한 역할을 한다.

온라인이 없었을 때는 어땠을까? 세상에 자신을 알리는 일에는 제약이 매우 컸다. 회사를 홍보할 수 있는 박람회가 열리면 부스를 차려서, 보통 일주일 이내라는 짧은 기간 동안 좋은 사업 기회를 찾아야 한다. 그마저도 24시간 동안 열어둘 순 없으니 일회적이고 휘발성이 강하다. 온라인 시대가 열린 뒤로는 우리 회사를 언제든지 찾아올 수 있도록 온라인상에 부스를 차릴 수 있게 됐다. 물론 부스는 1년 24시간 내

내 상시로 열려있다.

콘텐츠를 유통할 때도 이런 속성을 활용해서 다양한 플랫폼에 나누어서 부스를 차릴 수 있다. 여러 콘텐츠를 불이 꺼지지 않는 각기 다른 플랫폼에 나누어서 판매하는 것이다. 2016년에 동영상 콘텐츠를 유데미에 올려 두었다. 중간에 콘텐츠를 업데이트한 것을 제외하고는 한번 만든 콘텐츠가 3년째 24시간 내내 판매되고 있다. 580명이 이 콘텐츠를 소비하는 동안, 나는 부스를 차리고 치우는 번거로운 작업을 하지 않아도 됐다. 심지어 이 콘텐츠를 소비하는 사람들은 한국을 포함해 17개 국가에 흩어져있다. 회사 부스가 코엑스에만 차려져 있었다면 이런 일은 일어나지 않았을 것이다. 이전에 만든 3편의 전자책 콘텐츠도 그렇다. 내가 자고 있을 때도 온라인상에서 내 콘텐츠는 상시로 판매된다. 잠들지 않는 0과 1의 세계가 작동하기 시작하면서 이런 일이 가능해졌다.

그런 이유로 콘텐츠 자본가들은 이미 온라인을 적극 활용하고 있다. 모두가 스마트폰을 들여다보고 있는 시대에, 아무도 방문하지 않는 부스만 차려놓고 손님을 기다릴 순 없는 노릇이다. 하버드경영대학원의 바라트 아난드Bharat Anand 교수는 《콘텐츠의 미래》에서 콘텐츠 자체에 집중하는 함정에서 벗어나서 연결 관계를 키워 나가라고 조언한다. 온라인 영역의 영향력이 너무 강해졌으니 그에 따라 콘텐츠의 품질을 높이기 위한 노력은 조금만 줄이고, 온라인 세상에서 다양하게 연결되어 더 많이 발견될 수 있도록 노력하라는 것이다.

퇴사학교에서 강의할 때 다재다능한 사람들을 정말 많이 보았다. 그런데 이 다재다능함은 한 회사에 소속되면 자물쇠가 채워지는 경우가 많다. 개인의 콘텐츠와 재능을 회사가 담아내지 못하는 것이다. 그래서 자신의 콘텐츠와 재능을 아까워하는 개인들이 다양한 플랫폼을 통해 콘텐츠를 공급하기 시작했다. 물리적으로 몸은 회사에 머물지만 자신의 콘텐츠를 온라인에 유통하는 것이다.

내 주위에도 이런 사람들이 정말 많다. 그리고 이들 모두가 실명으로 콘텐츠를 만드는 건 아니다. 회사에 소속된 경우에는 미묘하고도 껄끄러운 이슈가 있을 수밖에 없다. 하지만 전반적인 흐름은 거스르기 어려운 것으로 보인다. 대기업들도 이런 점을 의식했는지 자체 유튜브 채널을 개설하면서 사내 유튜브 크리에이터를 선발하기 시작했다. 교육부도 교사들의 유튜브 활용을 권장하고 나서기 시작했다.

회사가 한 개인을 고용하지만 그의 콘텐츠까지 고용한 것은 아니다. 몸은 회사에 있지만 콘텐츠를 만들어서 얼마든지 온라인에 유통할 수 있다. 물론 그 전에 고용계약서를 꼼꼼히 살펴보는 일이 선행되어야 한다. 어쩌면 지금은 미노와 고스케 편집자와 겐토샤 출판사의 관계처럼 회사와 개인이 함께 잘 될 방법을 고민할 때인지도 모른다.

영국 중앙은행의 수석 이코노미스트 앤드루 홀데인Andrew Haldane은, 한 사람이 하나의 직업만 선택하는 형태가 등장한 것은 수십 년밖에 안 되었다고 한다. 19세기 산업화 이전에는 한 사람이 여러 영역에 걸쳐서 경제적인 삶을 꾸려 나갔다고 한다.

직장인으로만 살아가는 것은 회사와 일대일 대응이 되는 것을 의미한다. 콘텐츠로도 살아가는 일은 세상과 '일대다一對多'의 관계를 만드는 것이다. 미국에서는 이런 흐름이 본격화되어 '긱 이코노미Gig economy'라고 이름 붙여졌다. 콘텐츠 포트폴리오를 만들어서 커리어를 만들어 가는 사람들이 점점 많이 등장하는 시대이다. 온라인이 촉발한 일의 미래, 그리고 미래의 일은 점점 온라인과 오프라인이라는 두 영역을 넘나들며 사는 것을 가능하게 만들고 있다.

우리가 콘텐츠를 소비하기만 하는 입장일 때는 온라인을 현명하게 통제하며 사용해야 하지만, 콘텐츠를 만들기 시작했다면 온라인은 적극적으로 활용해야 하는 유통망이 된다.

온라인 탑골공원에서 만나는 사람들

나는 동네 공원으로 자주 산책을 나간다. 공원의 한 귀퉁이엔 작은 정자가 있는데, 동네 할머니들이 가장 좋아하는 장소다. 지난여름, 태풍 링링이 공원을 할퀴고 간 날 밤에도 산책을 하고 있었다. 부러진 나뭇가지가 잔뜩 나뒹굴고 있어서 산책하는 사람이 나밖에 없는 줄 알았다. 그런데 할머니들이 거기에 계셨다. 우산 여러 개를 펼쳐놓아 떨어지는 빗방울을 막고 얇은 돗자리를 몇 겹으로 깔아 보온력을 높였다. 흡사 캠핑장을 연상케 했다. 정겨운 모기향 냄새도 코를 찔렀다. 잘은 몰라도 그분들만의 캠핑장에서 대화는 더욱 깊어졌을 것이다.

요즘 SBS의 유튜브 채널이 화제다. 추억의 '인기가요'를

24시간 스트리밍하는 채널이 생긴 것이다. 1990년대를 풍미한 핑클, SES, god의 얼굴이 보인다. 이 채널의 닉네임 또한 화제가 되고 있는데 이름하여 '온라인 탑골공원'이다. 나 역시 원고를 쓰는 기간에 이 채널을 자주 들락거렸다. 이 채널이 재밌는 진짜 이유는 실시간 댓글 창 때문이다. '인기가요'라는 콘텐츠를 기억하는 다양한 나이대의 사람들이 한데 모여서 가수가 나올 때마다 다양한 댓글을 입력한다. 가수 이정현이 미래지향적인 의상을 입고 '바꿔'를 부르는 모습을 보고 누군가 '200년을 앞서 간 의상'이라고 한 마디 남긴 게 눈에 들어온다.

커리어 밖으로 벗어나기 시작한 이후 나는 온라인 공간에서 정말 많은 시간을 보냈다. 가장 큰 이유는 '관계' 때문이었다. 일반적인 사회생활을 하지 않았기 때문에 동료가 없었다. 전에 회사 생활을 함께했던 동료들은 다들 각기 자기만의 커리어 패스에서 만난 동료들과 함께하고 있었다. 그래서 SNS를 열심히 했는데, 그중 페이스북을 가장 적극적으로 사용했다. 페이스북엔 학교 동창이나 원래 알고 지낸 친구들이 거의 남아 있지 않았다. 페이스북이 10대나 20대에게는 또 하나의 '탑골공원'으로 불리는 걸 봐도 알 수 있듯, 페이스북은 젊은 세대 사이에서 점점 비주류 SNS가 되어 가고 있다. 요즘은 유튜브가 대세지만 나는 페이스북을 계속했다. 회사를 나와서 도서관을 다닐 때도 그랬고 지금도 그렇다.

거기엔 다양한 형태로 커리어를 일궈 가는 사람들이 자기 이야기를 거침없이 남긴다. 커리어에 아주 잠깐 발을 담가 본 게 전부인 내게는 매우 큰 세계로 다가왔다. 정확히 무슨 일을 하는 사람인지 알기 어려운 사람이 남겨놓은 포스팅도 나에게는 귀중한 정보처럼 여겨졌다. 페이스북의 타임라인은 늘 빠르게 지나가 버려서 놓치기 쉬웠지만 나는 그 이야기들을 놓치지 않으려 노력했다. 그들이 회사 생활과 커리어에 대해서 남겨둔 포스팅을 들여다보면서 이 사회의 모습을 그려 보는 데 큰 도움을 얻었다.

페이스북에서 콘텐츠를 만드는 사람들도 많이 만났다. 자기만의 블로그 또는 브런치 채널을 운영하는 사람과 이미 책을 낸 사람들도 더러 있었다. 그들이 어떻게 커리어를 일궈가는지 알기 위해 그들의 콘텐츠도 들쑤시며 찾아보았다. 그들이 몇 년에 걸쳐 개인 블로그에 남겨놓은 수많은 포스팅을 탐독하는 활동이 내게는 곧 사회생활이었다. 때론 팔로우만 하고 일면식이 없던 사람이 오프라인 행사를 연다고 포스팅을 올리면 신청하고 자리에 나가서 인사를 나눴다. 그 사람이 도대체 뭘 하는 사람인지 확인하러 나갔다. 그것이 나의 유일한 사회생활이었다. 사회생활이 너무 짧았던 탓에 나는 흔히 말하는 '사회 선배'가 없었다. 그래서 내게는 페이스북 친구들이 선배로 다가온다.

밀레니얼은 오프라인이 아니라 온라인에서 산다. 콘텐츠만 온라인으로 유통하는 게 아니라 SNS와 여러 커뮤니티에 걸쳐 각기 다른 ID로 온라인 공간에서 시간을 보낸다. 오프라인의 세계는 점점 더 많이 해체되었고, 해체된 만큼 온라인엔 새로운 놀이터가 생기고 있다. 적어도 밀레니얼에게는 그렇다. 그런데 재미있게도 온라인으로만 맺는 관계는 다시 오프라인 관계에 대한 갈증을 일으킨다. 그렇게 온라인 커뮤니티는 다시 오프라인으로 모임으로 이어진다. 돈을 내고 참여하는 독서 모임인데도 '트레바리'는 몇 년째 크게 성장하고 있다. 어쩌면 이 시대에 사람들을 오프라인으로 모이게 한다는 것 자체가 대단한 부가가치인 건지도 모른다.

몇 년간 페이스북이나 브런치에 상주하면서 모르는 사람들을 알게 되고, 그들로부터 배웠다. 그들은 나를 가르친 적이 없지만, 나는 그들에게 배웠다. 그들이 내 사수요 선배다. 사회생활을 할 수가 없어서, 인맥이나 선배가 없어서, 어디에도 기댈 곳이 없는 사람이라면 페이스북의 계정을 다시 활성화하는 걸 추천한다. 탑골공원도 배울 게 많은 하나의 사회다.

7장

밀레니얼과 꼰대

온라인 세상을 견인하는 밀레니얼

이게 다 온라인 때문이다. '밀레니얼 세대', '90년대생', 'Z 세대', '포노 사피엔스' 등 요즘 세대를 가리키는 말이 참 많이도 등장했다. 세대를 이르는 단어가 이렇게 다양하다는 것은 요즘 세대를 정의하는 일이 복잡해졌다는 것을 방증한다. 그래서 나는 한 가지 기준을 두고 세대를 구분해서 바라본다. 그 기준은 이렇다. 어느 개인이 온라인에 친숙한 정도와 오프라인에 친숙한 정도를 비교했을 때, 전자의 비중이 더 높다면 '밀레니얼 세대'로 보는 것이다. 예를 들어 온라인상에서 먼저 세상을 접하고, 온라인으로 사람들과 소통하는 데 큰 지장이 없으며, 온라인상에서 대화를 나눌 곳을 충분히 많이 알고 있는 사람들 그리고 온라인상에서 자신을 드러낼 다양한 방법을 알고 있는 사람을 밀레니얼 세대라고 이해하는 것이다. 한 마디로 온라인에 얼마나 친숙한지를 중심으로 '새로운 나이'가 부여된다는 생각이다.

대학교에 강의하러 가서 이들을 만날 때면 그 특징을 금방 확인할 수 있다. 손을 들고 질문을 하라고 하면 잠잠하던 학생들이 채팅창에 질문을 올려 달라고 요청하면 갑자기 입을 연다. 아니 입을 여는 게 아니라 손가락을 움직이기 시작한다. 이렇게 그들은 분당 평균 700타의 타이핑 속도로 내 눈을 교란하며 현란하게 소통한다. 강의실이라는 공간에 함께 있는데도 온라인으로 소통하는 게 훨씬 편한 이들은 밀레니얼이 맞다.

나는 이들로부터 꼰대 소리를 듣지 않고 원활하게 소통을 하는 편인데, 이는 모두 게임 덕분이다. 나는 90년대 중반에 게임을 통해서 온라인에 처음 접속했다. 게임에도 레벨이라는 위계가 있지만, 소통하는 데 걸림돌이 되진 않았다. 레벨이 낮은 사람도 레벨이 높은 사람에게 말을 걸 수 있었다. 거래를 제안할 수도 있었고 편하게 대화를 나눌 수도 있었다. 그것은 나이와 성별, 레벨과 같은 '계급장'을 떼고 소통해 본 최초의 경험이었다.

게임을 비롯한 온라인 커뮤니케이션의 특징은 '눈치껏' 알아듣는 문화가 존재하지 않는다는 것이다. 오로지 채팅이라는 도구만으로 소통해야 하므로 명확하게 의사전달을 해야만 한다. 그래야 다른 유저와 친구가 될 수 있고 팀플레이도 제안할 수 있다. 고맥락 문화에서나 통용되는 눈치는 게임에서 전혀 쓸모가 없었다. 지시와 명령의 대화만 하는 사람은 게임상에서 소통할 수 없다. 상대가 무슨 말을 하는지 경청하고 내가 할 말을 정제할 줄 알아야 관계가 형성될 수 있다.

한 마디로, 저맥락 문화의 특징처럼 명확하게 커뮤니케이션을 할 줄 모르면 게임 내에서 무리에 속하지 못하고 혼자 플레이를 해야 한다. 그렇게 커뮤니케이션 능력은 온라인 공간에서 활동하기 위한 필수적인 '소셜 스킬'이 되었다.

게임에서만 그런 것은 아니다. 밀레니얼은 게임을 비롯한 각종 온라인 커뮤니티를 통해서 먼저 세상을 접했다. 온라인이라는 사회에서 저맥락 문화를 먼저 만난 이들은 그들의 문화를 바탕으로 온라인 세상을 새로운 제국으로 만들어 나갔다. 온라인에 친숙하지 않은 사람들은 이해할 수 없는 문화가 거기서 싹트기 시작했다. 시간이 흘러 어느덧 밀레니얼은 새로운 게임을 만나게 된다. '회사'라고 불리는 현실 게임에 접속하게 된 것이다.

그들은 회사라는 사회에 접속해서 눈치 문화에 커다란 균열을 내는 것으로 자신들의 존재를 세상에 드러냈다. 부장님이 "맥주 한잔하기 좋은 날씨네."라고 하면, 밀레니얼은 "그러게요. 그래서 친구들이랑 맥주 한잔하러 가려고요."하고 정시에 퇴근한다. 중간에 끼인 80년대생은 속절없이 그들을 떠나 보내고 영원한 막내로 남아 부장님과 괴로운 회식 자리를 갖는다.

밀레니얼 세대가 만난 회사에는 아직 고맥락 사회의 흔적이 남아 있었다. 회사는 아직 눈치를 봐야 하고 말귀를 잘 알아들어야 하는 곳이었다. 그들에게 이 현실은 '구버전'에 가깝다. 이들은 온라인을 통해서 저맥락 문화를 먼저 만났기 때문이다. 새 버전으로 한 번 판올림이 일어나면 뒤로 돌아가는 일은 일어나지 않는다.

이들이 온라인상의 소통 문화를 오프라인으로 가져오면서 혼란만 일으키는 건 아니다. 마치 게임을 현실에 옮겨 놓은 것 같은 문화를 만들기도 한다. '클래스101'이라는 스타트업은 80여 명의 직원 대부분이 20대로, 평균 연령이 매우 젊은 편이다. 재미있는 것은 이 회사의 직원들은 대표를 포함해서 서로를 닉네임으로만 부른다. 본명 대신 닉네임으로 소통하는 회사가 없진 않지만, 클래스101에서는 서로 반말로 소통한다. 물론 반말로 소통한다는 게 무례한 소통을 의미하진 않는다. 그들은 눈높이에 맞는 새로운 소통 방식을 만들었다. 클래스101의 고지연 대표는 이런 문화를 만든 이유로, 커뮤니케이션을 정제하는데 시간을 쓰는 게 싫었다고 말한다. 서로 본명도 나이도 모른 채로 일 하는 건 게임과 많이 닮아 있다.

세상을 온라인으로 먼저 접한 밀레니얼 세대가 온라인 영토를 장악하는 건 이상한 일이 아니다. 그들에겐 뛰어난 커뮤니케이션 능력이라는 무기가 있다. 여기에 디지털 도구를 다루는 능숙함을 더해서 온라인 영토를 종횡무진 누비고 있다. 이렇게 중무장한 이들이 온라인상에 콘텐츠를 쏟아 내고 있다.

퇴사 관련 콘텐츠만 봐도 그렇다. 정년퇴직을 하고 퇴사하는 베이비붐 세대가 수백만 명에 육박하는데, 정작 퇴사 관련 콘텐츠는 20대와 30대가 쏟아내고 있다. 어떤 포털 사이트에서 검색을 해도 그들의 이야기밖에 없다. 국내 유튜브 채널도 그렇다. 구독자 수를 기준으로 상위 200위까지의 채널을 들여다보면, 기성세대라고 분류될 수 있는 사람으로는 백종원과 '와썹맨'의 박준형 단 두 명이다. 물론 기성세대가 디지털과 온라인에 약하다는 이유도 있겠지만, 인구 피라미드에서 기성세대가 차지하는 비중을 고려해볼 때 기성세대가 만드는 콘텐츠는 온라인에서 극히 미미함을 알 수 있다.

밀레니얼 세대는 온라인 위에서 태어났다. 그리고 밀레니얼은 그 터전을 활용할 줄 안다. 기성세대는 밀레니얼을 무시할 수 없고, 오프라인 세상은 온라인 제국을 등질 수 없다. 밀레니얼이 온라인에서 만들어나가는 세상과 그곳에 쏟아내는 콘텐츠를 주목하고 뒤쫓아가야 한다. 이미 온라인 세상이 오프라인 세상을 견인하고 있기 때문이다.

밀레니얼의 무기는 콘텐츠다

평생직장의 시대가 끝났다. 직장에서 길고 가늘게 남고 싶어도 이젠 회사가 문을 닫을 수 있다. 게다가 평생직장은 고사하고, 괜찮은 직장도 얼마 남지 않은 것으로 보인다. 또 직장을 얻기 위한 시도가 실패로 끝났을 때는 아무것도 남지 않는다. 피치 못하게 이 분야 저 분야의 문을 두드려야 하는 사회 초년생이라고 하면 더욱 그렇다. 구직의 문제는 자꾸만 어려워지고 있다. 가혹하게 들릴지 몰라도 구직에 들이는 노력과 별개로 꾸준히 자기 콘텐츠를 위한 시간을 만들어야 한다.

《나는 왜 이 일을 하는가》를 쓴 사이먼 사이넥Simon Sinek은 용감하게 밀레니얼 세대에게 충고를 한다. 그는 어느 인터뷰에서 밀레니얼 세대의 여러 장점을 언급하는 한편, 한 가지를 지적한다. 직업적 만족감과 인간관계만큼은 인내심을 발휘해서 시간을 들여야 한다는 것이다. 이 두 가지는 모두 지루하고, 미묘하고, 즉각적이지 않지만 시간을 들여야만 얻을 수 있다는 것이다. 물론 밀레니얼에게는 선택권이 있다. 사이넥의 말을 또 하나의 '꼰대질'로 보거나, 아니면 수긍할 수밖에 없는 '팩트 폭력'으로 보거나.

나는 이를 팩트 폭력으로 받아들인다. 2015년 5월, 원래 추구하던 커리어 패스 밖에서 사부작거리며 시작한 사이드 프로젝트로부터 내 주된 콘텐츠가 나왔다. 그 첫걸음을 시작으로 몇 년간 사이드 프로젝트를 이어 왔다. 그 몇 년을 모두 치밀하고 촘촘하게 보낸 것은 아니었다. 두어 달 동안 취직 준비를 한다고 아무것도 못 하고 시간을 흘려보내기도 했다. 하지만 자전거에 달린 보조 바퀴처럼 그 프로젝트들을 계속해서 굴려왔다. 그런 내게, 직업적 만족감은 시간을 들일 때에만 만날 수 있다는 사이넥의 말과, 1,000일 정도를 자신에게 투자해보라는 구본형 소장의 말은 가치 있는 조언으로 다가온다.

시도하면 경험이지만, 지속하면 경력이 된다는 말처럼 무언가를 지속하는 건 굉장한 자산이 된다. 손에 쥔 몇 가닥의 실은 아주 쉽게 끊어진다. 작은 힘으로도 금방 끊어져 나간다. 그렇지만 그 몇 가닥의 실을 오랜 시간을 들여 꼬면, 몇

천 가닥의 실타래가 된다. 이 실타래는 쉽게 끊을 수 없다. 무언가를 지속했을 때, 그것이 언제나 성취나 성공으로 남지 않을 수도 있다. 하지만 지속하면서 생긴 근육이 남는다. 그 근육으로 다른 무언가를 훨씬 수월하게 시작할 수 있다.

특별한 대안이 없는 한, 좋은 직장을 얻기 위한 분투는 이어갈 수밖에 없다. 그렇지만 여건이 허락하는 한에서, 지속할 만한 자기만의 콘텐츠를 시작해 보라. 그렇게 시도하고 지속하는 게 생겼다면, 그걸 온라인에 마구 펼쳐놓자. 밀레니얼은 온라인이라는 토대 위에서 태어난 만큼 온라인을 주무대로 삼는 게 유리하다. 온라인에서 콘텐츠 자본을 쌓았다면, 그걸 다시 오프라인의 세계로 전환할 방법을 찾아야 한다. 나 역시 마찬가지였다. 이 책을 출간하기 전에 내 콘텐츠는 모두 온라인에만 존재했다.

이미 많은 밀레니얼 세대가 온라인을 생산적으로 활용하기 시작했다. 내 주위만 해도 온라인으로 데뷔한 친구들이 적지 않다. 그들은 브런치, 유튜브, 인스타그램, 블로그, 크라우드펀딩 등 다양한 경로를 통해서 세상에 자신을 드러낸다. 그들이 다루는 소재도 지식과 정보, 라이프스타일, 관심사와 취미 등 다양하다. 콘텐츠의 형태도 뭐라고 특정할 수 없이 다양해지고 있다. 이렇게 콘텐츠를 만들고 나서 유통할 때는 동시다발적으로 여러 채널을 활용한다. 게다가 이 모든 과정을 혼자 하지 않는다. 비슷한 콘텐츠를 만드는 다른 크리에이터와 함께 협업을 제안하고, 또 제안 받으면서 온라인 콘텐츠 제국을 함께 만들어 간다. 온라인을 활용하지 못하는 기성세대는 '노템전'을 하는 것이고, 온라인을 유연하게 활용하는 밀레니얼은 '아이템전'을 하는 셈이다.

즐겨보는 유튜브 채널 가운데 '이연'이 있다. 한번은 어느 콘텐츠에서 자신이 어떻게 유튜브를 시작하게 되었는지 배경을 밝히는데 그 얘기가 재밌다. 이연은 블로그를 13년 정도 했지만, 하루 방문자는 몇십 명 수준에 그쳤다고 한다. 블로그에는 항상 글을 썼고, 인스타그램에는 늘 그림을 올리고, 일기에는 사색의 조각을 나눠 담아 왔다고 한다. 그러다가 각각 흩어져있던 것들을 한데 모아 유튜브 콘텐츠를 만들었는데 그 반응이 폭발적이었다고 한다. 이연 외에도 많은 밀레니얼 크리에이터들은 온라인의 다양한 채널을 필요에 따라 유연하게 활용할 줄 안다.

괜찮은 직장을 찾는 일은 점점 더 까다로워지지만, 콘텐츠로 길을 만들어 가는 일은 점점 쉬워지고 있다. 10년 전만 해도 나 역시 이런 생각을 할 수 없었을 것이다. 하지만 우리의 상상을 가능하게 해주는 도구들이 등장했고, 그런 것들이 이미 빠르게 현실 속에 자리 잡고 있다. 게임에서는 나이나 직급이 쓸데없다. 게임에 먼저 진입해서 레벨을 높이면 나이가 어려도 대우 받는다. 나는 온라인과 플랫폼 덕분에 현실이 점점 게임을 닮아 가는 것처럼 보인다. 나보다 훨씬 어리지만 게임상에서 고수였던 유저와, 나보다 어리지만 이미 콘텐츠 자본을 갖춰서 자기 일을 하는 후배가 겹쳐 보인다.

밀레니얼에게는 분명 무기가 있다. 당신의 주위에도 이미 콘텐츠 자본가인 친구들이 있을지 모른다. 업데이트 된 현실에서 새로운 커리어 게임을 하는 그들이 그 일을 어떻게 시작했는지 하나하나 뜯어보라. 그러면 이 게임이 조금은 다르게 보일 것이다.

꼰대의 출현

밀레니얼은 온라인이라는 링 위에 꼰대를 호출했다. 온라인이 없던 시절엔 누구도 꼰대를 꼰대라 부르지 못했다. 사람들은 꼰대의 눈치를 봐야 했다. 온라인이 등장하면서 상황이 달라졌다. 이전 같다면 부장님 앞에서는 말을 가려야 했지만, 이젠 '블라인드'라는 어플을 통해서 가감 없이 꼰대들에게 할 말을 할 수 있게 됐다. 꼰대들은 온라인에 친숙하지 않다 보니 상황이 어떻게 돌아가는지도 모른다. 회사라는 사회 속에서만 살다가 처음 마주한 공간에 소환된 것이다. 꼰대는 처음 불려 올라온 링 위에서 속절없이 펀치를 받아야 했다. 그렇게 꼰대들의 수난 시대가 시작됐고, 꼰대가 세상의 눈치를 보기 시작했다.

꼰대들이 이렇게 수난을 겪는 데는 이유가 있다. '꼰대'라고 하면 고압적인 태도, 원치 않는 조언 세례, 지나친 오지랖, 자기만 옳다는 믿음, 공감 능력의 부재 등 여러 특징을 꼽을 수 있겠다. 내가 이해하는 꼰대란 자기 경험에 갇혀서 그 세계가 유일한 것이라고 착각하는 사람들이다. 대륙의 기상을 유감없이 드러내는 중국의 꼰대를 보자. 총 자산액이 37조 원에 달하는 완다그룹의 회장 왕젠린Wang Jianlin은 인터뷰에서 다음과 같이 말한다. "제일 좋은 것은, 먼저 달성 가능한 '작은 목표'를 세우는 것이다. 예를 들면, 1억 위안168억 원을 벌겠다 같은 목표 말이다." 이 발언은 중국을 넘어 한국에서도 화제가 되며 비웃음을 샀다. 자신의 경험이 전부라고 믿는 사람은 이런 말을 내뱉을 때 거침이 없고 죄책감도 없다.

그런데 그렇게 보자면 나이 많은 사람만 꼰대가 되는 건 아니다. 누구라도 꼰대가 될 수 있다. 실은 나도 그랬다. 제대하고 얼마 안 돼서 금방 꼰대가 됐다. 복학 후에 미필자 후배와 대화를 할 때 그랬고, 군대에 남아 있는 후임들이 소식을 전해올 때 그랬다. 병영문화가 급격히 선진화되면서 이등병도 침상에 누울 수 있다는 얘기를 듣고 절로 한숨이 나왔다. 반사적으로 머릿속에 '내 때는…'이라는 생각이 스쳤다.

원만한 사회생활을 하기 위해서는 우리 안의 꼰대를 몰아내야 한다. 또 콘텐츠를 만들 때도 마찬가지로 내 안의 꼰대를 몰아내야 한다. 자기 혼자만 공감할 수 있는 내용에는 누구도 귀 기울여 주지 않는다. 자기 경험만 고유하다고 믿는 사람과는 대화하기가 어렵다. 168억이 작은 목표라는 왕젠린이 청년들을 위로하는 책을 쓸 수 있을까? 물론 그럴 생각도 없겠지만, 그러겠다고 한들 가능한 일이 아니다. 꼰대는 콘텐츠를 만들 수 없다. 꼰대가 기업을 만들었다는 얘기는 들어봤어도 꼰대가 콘텐츠를 만들었다는 얘기는 들어본 적 없다.

자기의 경험은 자신에게만 고유하다는 것을 인정하는 데서 꼰대 탈출이 시작된다. 이미 자기의 때가 지났음을 인정하고, 그 경험은 다시 재현될 수 없으며, 다른 사람들에게도 모두 그들만의 고유한 경험이 있다는 것을 인정할 줄 알아야 한다. 그래야 대화를 시작할 수 있다. 대화할 줄 알아야 콘텐츠를 만들 수 있다. 콘텐츠는 일방적인 말하기와 달리 말을 걸 줄도 알고 들을 줄도 알아야 하기 때문이다.

《신경 써 달라고 한 적 없는데요?》라는 흥미로운 제목을 가진 책이 있다. 나만 재미있게 읽은 게 아니었는지, 책은 입소문을 타고 꾸준히 인기를 끌고 있다. 이 책은 제목이 암시하듯이 지나친 오지랖에 지친 사람들을 위한 콘텐츠다. 이 책을 낸 유민애 작가는 유튜브 채널 '미내플'을 운영하고 있는데, 인간관계와 커뮤니케이션에 어려움을 겪는 사람들에게 뼈와 살이 되는 조언을 건네고 있다. 물론 미내플도 밀레니얼답게 '꼰대질'을 피하려는 노력으로 모든 영상의 인트로를 이렇게 시작한다. '여러분, 미내플의 이야기는 친한 친구의 이야기처럼 귀 기울여 들어주시되, 참고만 해주세요.'

언뜻 살펴보면 미내플의 콘텐츠는 조언으로 가득하다. 아니, '조언'이라니? 이건 꼰대들의 중요한 특징 아닌가? 그런데 그의 동영상엔 '나빠요'가 거의 붙지 않는다. 미내플의 콘텐츠는 대체로 큰 공감을 얻고 도움이 됐다는 댓글이 끊이지 않는다. 조언을 하는데도 호감을 준다. 깊은 호감을 주면서도 조언을 할 수 있다. 그게 밀레니얼의 가장 큰 무기다. 지시와 전달이 아닌 공감의 대화를 나눌 줄 아는 것이다.

이 채널의 콘텐츠도 흥미롭고 재밌지만, 정말 재미있는 것은 부단히 자신의 태도를 점검하는 밀레니얼의 모습을 뚜렷하게 볼 수 있다는 것이다. 밀레니얼은 권위를 내세운 꼰대에게 몰아 세워진 경험이 많다. 그로 인해서 자기 안의 꼰대를 끊임없이 몰아내며 살아갈 줄 안다.

온라인 세상에서 밀레니얼과 대화를 나눌 수 있게 되면, 꼰대로 불리는 것으로부터도 탈출하고, 기성세대라는 타이틀에도 갇히지 않을 수 있다. 그러면 콘텐츠를 만드는 것도 더 수월해질 것이다. 나는 준비된 기성세대가 세상에 내놓을 콘텐츠를 기대한다. 온라인이 주 무대였던 밀레니얼에게 잠깐 자리를 내줬지만 기성세대가 온라인에 명함을 내민다면 그들의 콘텐츠는 주목받을 것이다. 그들이 가진 수십 년간의 경험과 전문성을 '꼰대질'이나 '훈수'로서가 아니라 매력적인 '콘텐츠'로서 꺼내놓으면 쏟아질 콘텐츠가 얼마나 많을까?

앞으로 많은 콘텐츠가 쏟아질 거라 생각하지만 아직은 그렇지 못한 것 같다. 그래서 강원국 작가의 활약이 더욱 돋보인다. 시대가 기획했다는 평을 듣는 《대통령의 글쓰기》를 비롯해서 《회장님의 글쓰기》, 《강원국의 글쓰기》를 내리 히트한 강원국 작가는 말한다. 고령사회에서 책은 명함 같은 것이라고. 또 그렇게 일해야 한다고.

이제 '내 때는…'이라는 말을 꺼낼 시간이 없다. 콘텐츠를 시작해야 한다. 콘텐츠는 언제나 지금이 적기다. 기성세대가 콘텐츠를 쏟아 내서 더 많은 '강원국'이 나와야 한다. 강원국 작가도 분명 이를 반길 것이다.

꼰대의 반란을 기대하며

회사에 다니는 친구들의 말에 따르면, 많은 기성세대가 '꼰대'라는 단어 앞에 작아지고 있다고 한다. 회사에서 기성세대들은 자신이 꼰대로 보이는 건 아닌지, 밀레니얼의 눈치를 보며 자기 검열을 한다는 것이다. 정말이지 한국 사회는 너무도 빨리 변해서 꼰대들이 설 자리가 점점 줄어들고 있다. 오프라인 사회가 온라인 사회의 눈치를 보듯이, 온라인 세상에서 태어난 밀레니얼 세대의 눈치를 보게 되는 것이다.

밀레니얼 세대는 그들의 주 무대인 온라인 세상에서 여전히 눈치를 보지 않고 자신들의 영토를 만들어 가고 있다. 기성세대는 평생 오프라인 세상에서 자신들의 성을 쌓아 왔지만, 이제는 밀레니얼 세대가 세운 콘텐츠 제국으로 걸어 들어가야 한다. 더 이상 오프라인 세상에서 '왕년에는'으로 시작되는 이야기만 하고 있을 것이 아니라, 그 경험을 콘텐츠화해서 온라인상으로 가져와야 한다. 그러려면 가장 먼저 할 일은 온라인에 세워진 밀레니얼의 제국에서는 커뮤니케이션이 어떻게 이루어지는지 충분히 살펴봐야 한다.

밀레니얼은 감추지 않는다. 자신들의 모든 것을 거기에 드러내고 허물없이 대화한다. 브런치와 온라인 커뮤니티, 유튜브와 웹툰을 살펴보라. 또 거기에 달린 댓글을 보면서 그들이 콘텐츠를 매개로 펼치는 공감의 소통 방식을 살펴봐야 한다. 그렇게 하려면 디지털 도구에 좀 더 친숙해질 필요가 있다.

IT 도구 강의를 하면서 종종 사회생활을 수십 년 이상 해온 분들을 만나기도 한다. 실습을 함께할 때면 그분들은 종종 물에 빠진 사람처럼 허우적대며 나를 붙잡는다. 계정을 만들거나 전에 만든 계정 비밀번호를 찾는데 몇십 분이 소요되기도 한다. 노트북으로 간신히 접속에 성공해도, 동일한 ID로 스마트폰으로 로그인하는 건 그분들에게는 새로운 도전이다. 모니터 위에서 그들의 동공은 방황하고 강의를 진행하는 나는 방전된다.

그래서 이들에게 강의할 때는 접근법을 바꾸었다. 일일이 하나하나 전달하려고 애쓰기보다는 밀레니얼들이 온라인에서 탐색하는 방법을 더 많이 소개한다. 한 마디로 필요한 걸 찾는 방법을 소개하는 것이다. 지금의 10대가 모든 것을 유튜브에 검색해서 빠르게 배워 나가듯이, 그들의 학습 방법을 참고해서 이제는 스스로 디지털 도구 사용법을 연마해 나가야 한다. 아흔이 넘은 이어령 작가의 최첨단 집필 환경을 살펴보면 알 수 있다. 도구 사용 능력은 나이의 문제가 아니라 관심의 문제다.

모든 디지털 도구를 다 배울 필요는 없지만, 무엇이 어디 있는지는 스스로 찾을 수 있어야 한다. 온라인이라는 보이지 않는 광맥에서 어떻게 정보를 채굴하는지 스스로 습득해 가야 한다. 그렇게 디지털 도구 사용이 좀 더 자유로워진다면, 잠자고 있던 콘텐츠를 깨워서 온라인에서 데뷔할 수 있다.

의심할 여지 없이 온라인의 강자는 밀레니얼 세대다. 기성세대는 이제 더 이상 그들을 가르치려고만 하지 말고 그들에게서 배워야 한다. 가까운 친구가 초등학생이었을 때 게임 경험을 이야기해 준 일이 있다. 그 친구의 캐릭터는 게임에서 상당히 높은 레벨이었는데, 그 캐릭터로 잠깐이라도 게임에 접속해보고 싶어 하는 사람이 무척 많았다고 한다. 초등학생이던 친구는 대학생 형들에게 지원서를 받았고, 가장 적합한 형에게 게임 캐릭터를 맡겼다고 한다. 가상의 세계지만 초등학생이 대학생을 면접 봐서 선택한 것이다. 친구의 사례는 예외적인 것이지만, 밀레니얼은 이미 온라인에서 산전수전을 다 겪어본 사람들이다.

기성세대는 자신이 가진 콘텐츠를 온라인상에 쉽게 꺼낼 수 있도록 도와줄 사람이 필요하다. 온라인 제국의 강자들은 게임만 잘하고 PPT만 잘 만드는 것이 아니다. 온라인 제국의 길을 꿰고 있고, 필요한 자원이 어디 있는지 잘 알고 있다.

아직도 밀레니얼 세대와 온라인이라는 방식이 선뜻 내키지 않는다면 다음과 같은 변화를 주목해 보라. 온라인이 없었을 때, 책을 내고 싶은 사람에겐 한 가지 방법밖에 없었다. 수많은 출판사에 우편이나 이메일로 원고를 투고해야 했다. 그런데 이제 그런 방식으로 출간이 이뤄지는 경우는 극히 드물다. 출판사가 온라인에서 작가를 발견하는 경우가 더 빠른 출간으로 이어진다. 이미 온라인상에서 눈길을 끌고 있는 사람을 작가로 초청하는 게 출판사로서도 수지맞는 일이다. 이 말은 달리 해석하면, 결국 온라인상에 내 콘텐츠가 존재해야 한다는 말이다. 이렇게 온라인은 기존의 규칙을 완전히 바꿔 놓고 있다.

나는 진심으로 기성세대가 세상에 꺼내놓을 콘텐츠를 기대한다. 그런데 아직 그것을 많이 찾아볼 수 없는 이유는 기성세대가 아직 온라인과 친하지 않아서인 것 같다. 회사 생활을 5년 남짓 한 장수한 대표의 《퇴사의 추억》은 있는데, 왜 아직 '꼰대의 추억'은 없단 말인가. 꼰대 부장이 변화하는 시대를 맞으면서 밀레니얼의 도움을 받아 꼰대를 탈출하는 여정을 그린 콘텐츠는 왜 하나도 없는가. 당신이 기성세대라면 밀레니얼 세대의 도움을 받아보라. 박막례 할머니도 PD 역할을 한 손녀가 없었다면 세상에 데뷔할 수 없었다.

온라인은 세상을 점점 평평하게 만들고 있다. 나이, 직급, 회사와 무관한 세계가 열렸다. 온라인은 콘텐츠를 만들어 새로운 자본을 쌓는 사람들의 시대로 우리를 안내하고 있다. 그래서 콘텐츠는 지금이 적기다.

ver. 2019 판올림 이해하기

콘텐츠 공방 GX 1기 때의 일이다. 5명의 남자 수강생과 첫 모임을 마치고 뭘 먹을지 정하고 있었다. 내가 감자탕을 먹자고 제안했는데 누군가 이렇게 묻는다. "채식주의자 없으세요?" 그 물음이 의아하게 다가왔지만, 이내 누군가 "요즘은 이런 거 물어봐야 해요."라고 한 마디 덧붙였다. '원래대로'라면 남자들만 있는 모임에서 나올 법한 질문이 아니다. 하지만 이제 '원래대로'는 없다. 20대 초반부터 40대까지 모여있었지만, 모두가 수긍하는 질문이 된 것이다.

이들 가운데는 대학에 진학하지 않은 20대 초반의 남자분도 있었다. 콘텐츠만으로 커리어를 만들겠다고 GX를 찾은 분이었다. 학교 진학 대신 콘텐츠를 만들겠다는 그의 결심에 대해서 모두가 비슷한 생각을 하고 있었다. 대학교에 진학한 다음에 콘텐츠를 만드는 게 어떻겠냐는 생각이었다. 그렇지만 생각만 할 뿐, 누구도 입 밖에 내지 않았다. 생각하는 것과 입 밖에 내는 것은 엄연히 다른 문제이다. 누구도 이 말을 입 밖에 내지 않는 것을 보며 세상의 변화를 많이 체감했다.

한국 사회를 하나의 오퍼레이션 시스템, 즉, OS로 본다면 이 OS에는 끊임없는 판올림이 일어나고 있다. 일상의 언어 습관에도, 인간관계에서도, 세상을 보는 관점을 포함해 모든 영역에서 동시다발적인 판올림이 진행 중이다. 이제 이 판올림에 대한 감각이 부족하면 '고인 물'소리를 듣게 된다. 이제는 젊다고 해서 꼰대가 아닌 게 아니니다. 젊다고 해도 판올림을 따라가지 못하면 젊은 꼰대가 된다. 대학가에는 아직도 판올림을 이해하지 못한 복학생 선배가 있다. 종종 기사로 접하게 되는 이들은 후배에게 술을 강요하고, 선배라는 알량한 권위를 내세우는 젊은 꼰대다. 사회로 나가기 전에 생각을 판올림하지 않으면 이들은 많은 곤란을 겪게 될 것이다.

이 OS의 판올림을 가속하는 건 콘텐츠다. 콘텐츠는 아직 발화되지 않은 무언가를 정리해내는 것으로 독자와 사회를 설득해서 판올림을 앞당긴다. 예를 들어,《무례한 사람에게 웃으며 대처하는 법》이라는 책이 크게 화제가 되었고, 이제 꼰대스러운 발언은 이 사회에서 빠르게 자취를 감추어 가고 있다. 이 책을 필두로 사회가 꼰대를 바라보는 관점에 커다란 판올림이 생긴 것이다. 모든 세대가 주목하는 판올림도 있다. 《90년생이 온다》 혹은 《포노 사피엔스》의 경우가 그렇다. 이제 90년대생, 또는 밀레니얼 세대, 스마트폰과 함께 태어난 Z세대를 이해하는 일은 중요한 판올림 가운데 하나가 됐다. 이전처럼 '요즘 애들은 문제가 많다.'고 타박하는 게 아니라, 이들과 어떻게 협력하고 소통할 것인지가 중요한 문제가 된 것이다.

한편, 지금도 끊이지 않고 나오는 퇴사 콘텐츠는 밀레니얼 세대가 커리어를 바라보는 관점에 판올림을 일으켰다. 그저 투정과 불평이라고 여겨지던 이들의 문제 제기를 사회가 진지하게 받아들이기 시작했다. 밀레니얼 세대는 자기가 추구하는 가치와 회사가 추구하는 가치가 같기를 바란다. 또 밀레니얼 세대는 기업의 근무 환경과 조직 문화에 판올림을 요구하고 있다. 기업들은 울며 겨자 먹기로 판올림을 진행하고 있다. 판올림 이후에 태어난 밀레니얼은 구버전 게임에 접속하기를 거부하고 있다.

특히 밀레니얼에게는 콘텐츠가 관계를 형성하는 중요한 매개가 되었다. 오프라인 커뮤니티가 많이 해체되고 온라인상의 콘텐츠는 폭발적으로 늘었다. 자연스럽게 오프라인에서의 교류는 줄어들고, 콘텐츠를 통한 교류가 늘어났으며,

어떤 콘텐츠를 공유하고 있는지가 관계의 밀도를 결정한다. 비슷한 나이대라고 같은 공감대를 형성하는 게 아니게 됐다. 오히려 콘텐츠를 매개로 친구가 된다. BTS의 팬클럽인 아미는 나이와 성별을 넘어 심지어 인종도 초월하고 있다. 콘텐츠를 중심으로 생겨난 부족은 세상의 판올림을 더욱 가속하는 역할을 한다.

마치 디지털 기기가 기술 혁신에 발맞춰 판올림해나가듯, 개인은 콘텐츠를 통해 사회의 판올림을 점점 진행시키고 있다. 지금 유년기를 보내며 스마트폰을 쥐고 있는 세대에게 이 세상은 무엇으로 다가올까? 그들은 아주 이른 나이에 이미 콘텐츠만으로 세상을 만난다. 어쩌면 이제 콘텐츠를 통하지 않고서는 그 세대와 만나지 못하게 되는 것은 아닐까?

콘텐츠의 미래

고등학생 때 나는 역사 과목 성적이 좋지 않았다. 내게 역사 과목은 흑백의 사건과 무의미한 숫자의 조합으로 다가왔고, 그 어떤 재미도 느낄 수 없었다. 하지만 역사 과목을 가르치셨던 고3 담임 선생님 덕분에 역사의 중요성을 어렴풋하게나마 인식하게 됐던 것 같다. 역사에 깊은 관심을 갖게 된 건 한참이 지나서였다. '기록'이라는 키워드를 가진 첫 콘텐츠를 만들면서 처음으로 조선 시대에 관심을 두게 됐다. 조선 시대에 크게 융성한 기록 문화에 관심이 생긴 것이다.

《조선왕조실록》과 《승정원일기》를 포함해서 조선 시대의 기록물 8개가 유네스코 세계기록유산에 등재되어 있다. 유네스코에 따르면 단일 왕조의 유산이 8개씩이나 등재된 것은 조선 왕조가 유일하다. 그 기록의 압도적인 양만 봐도 놀라지 않을 수가 없다. 《조선왕조실록》은 6,400만 자로 이뤄졌는데, 1초에 1자씩 하루 4시간을 보면 11.2년이 걸리는 분량이다. 압도적인 양 때문에 우리나라에 《조선왕조실록》의 공식적인 전문가는 없다고 한다. 《승정원일기》도 만만치 않다. 번역하는 데만 80년이 걸린다고 추정되는 《승정원일기》는 아직 번역이 끝나지 않았다. 이제는 인공 지능의 도움으로 남은 분량을 번역 중이라고 한다. 《일성록》은 조선의 왕들이 배턴을 주고받아서 150년을 쓴 왕의 일기다. 서울대 허성도 교수는 조선 왕조가 500년이나 이어질 수 있었던 이유가 기록에 있었다고 본다.

조선의 기록 문화는 세종대왕이 한글을 창제하고 반포한 이래 꽃피울 수 있었다. 유네스코는 한글 창제에 담긴 정신을 영예롭게 기리고자 '유네스코 세종대왕 문해상UNESCO King Sejong Literacy Prize'라는 이름의 상을 만든다. 세계 곳곳의 문맹퇴치 운동을 하는 개인과 조직에게 상을 주고 있다. 세종대왕이 1443년 한글을 창제하여 1446년 반포하고, 약 300년 뒤에 다산 정약용이 등장한다. 다산은 그 토대 위에서 500권의 저술 작업으로 조선의 기록 문화에 정점을 찍는다.

대체 세종대왕의 한글 창제와 다산 정약용의 저술이 우리에게 어떤 의미가 있을까? 내게 이 둘은 각각 '기록하다'라는 동사와 '만들다'라는 동사로 다가온다. 읽고 쓸 줄 모르는 사람들에게 도구를 쥐여 준 사람이 있었고, 그 도구를 바탕으로 가치 있는 책을 만든 사람이 있었다. 하나의 토대가 마련되면, 다른 이들은 그 위에서 다른 토대를 상상하기 시작한다. 역사 속에서 커다란 생태계를 이뤄 가는 것이다.

전기 자동차 제조 회사인 테슬라는 이산화탄소를 내뿜지 않는 지속 가능한 교통수단을 정착시키기 위해서 분투 중이다. 일론 머스크는 테슬라가 당긴 방아쇠가 영향력을 만드는 순간에 대해 이렇게 회고한다. 테슬라가 로드스터 모델을 세상에 내놓을 당시에 제너럴 모터스General Motors, GM의 밥 러츠Bob Lutz 부회장은 이 발표 행사를 보고 있었다. 러츠는 캘리포니아의 작은 회사가 할 수 있다면 GM도 할 수 있다며, 당시 GM 내부 엔지니어들의 반대를 무릅쓰고 GM이 전기 자동차 사업에 뛰어들도록 했다. 머스크는 테슬라가 그 과업을 완수할 거라고 확신하진 않는다. 그렇지만 언젠가 전기 교통수단이 필연적으로 정착될 거라고 믿는다. 그의 역사 인식을 엿볼 수 있는 대목이다.

어떤 토대가 자리 잡으면 사람들은 비로소 그 토대 위에 새로운 토대를 쌓아간다. 다산 이후로 200년이 흘렀고, 2019년 대한민국의 문맹률은 세계에서 가장 낮은 수준이다. 세종대왕과 다산이 만든 토대가 있었기에 가능한 일이다. 이제

IT 시대를 맞이하며 한국은 스마트폰 보급율이 세계 최대인 나라가 됐다. 콘텐츠를 퍼뜨릴 수 있는 토대가 마련된 것이다. 그리고 다음 토대는 국내 IT 기업이 가속화하고 있다. 콘텐츠 플랫폼인 네이버 웹툰과 카카오페이지는 한국에서 탄생시킨 웹툰 콘텐츠를 전 세계로 퍼뜨리고 있다. 이들은 이미 미국과 일본을 중심으로 하는 세계 웹툰 시장에서 크게 선전하고 있다.

먼저 '기록하고 만드는' 두 가지 토대 위에 세 번째 토대인 '퍼뜨린다'가 더해졌다. 이제 '기록해서 만든 것을 퍼뜨린다'라는 문장이 완성됐다. 이 토대 위에서 콘텐츠의 시대가 시작됐다. 기록하고 만들어 퍼뜨리는데 일가견이 있는 사람들은 소비만 하는 게 아니라 이미 생산에 뛰어들고 있다.

급격한 변화를 맞닥뜨린 독자들에게 필요한 콘텐츠를 만들고, 콘텐츠를 만들어 커리어로 승화시키는 사람들이 등장했다. 나 역시 이들처럼 좀 더 대담하게 내 콘텐츠를 통해 독자들이 콘텐츠의 미래를 상상할 수 있도록 여러 가지 시도를 해 나갈 생각이다. 스스로에 대한 과도한 자신감 때문이 아니다. 내가 딛고 있는 토대를 믿기 때문에 가능한 생각이다. 당신은 이 토대 위에 지금 어떤 씨앗을 심고 있는가?

에필로그

고쳐 쓰며
정성껏 가꾸는 삶

이 책의 원고를 마무리할 즈음 이사를 했다. 몇 년씩이나 구석에 처박혀 있던 물건들이 비로소 양지로 나왔다. 한참을 추억에 잠겨 정리를 했다. 개중에는 나름 쓸 만하고 멀쩡한 물건도 있었다. 조금만 고쳐 쓴다면 충분히 제 역할을 할 물건들이다.

글도 고쳐 쓴다. 생각을 다듬고 원고를 마감하며 버릴 문장은 버리고 고칠 문장은 고쳐 쓰기를 거듭했다. 여러 번을 고쳐 쓴 초고였지만 여전히 투박하고 거칠었던 글이 편집자님의 정성스러운 손길을 거친 후에 반짝이며 다시 태어났다.

'고쳐 쓰다'라는 말에는 정성이 담긴다. 정성껏 고쳐 써야,

쓸 만한 물건이 되고, 정성을 담아 고쳐 써야, 읽을 만한 글이 된다. 길이 보이지 않아 난처하고 외로웠을 때, 많은 책을 읽었다. 그 곳에는 자신의 삶을 일으켜서 중심을 잡는 사람들이 있었다. 자신의 삶을 정성스럽게 일구는 사람들이 보였다. 내게 콘텐츠 만들기는 그렇게 다가왔다. 내 삶에서 낡은 부분을 고쳐 가며 한 문장, 한 문장 정성으로 고쳐 쓰는 일의 연속이었다. 이 과정을 거치면서 내가 자신을 위해 정성을 다할 수 있는 사람이라는 것을 알게 되었다. 그 마음이 흔들리는 길 위에서 계속 걸어 나갈 힘이 되어 주었다.

집필은 저자의 일이고 독서는 독자의 일이다. 이제는 배턴을 넘길 때다. 이 책을 읽은 독자가 자기만의 콘텐츠를 만들어 가면서 자신의 이야기를 고쳐 쓰고, 자신의 삶을 정성껏 가꾸어 가기를 진심으로 응원한다.

당신을 내 콘텐츠 정원에 초대합니다

가을이 조금씩 깊어가던 10월 어느 날, 회의를 위해 사무실에 방문한 저자를 처음 만났다. 책의 원고와 기획 방향에 대해 2시간이 넘게 이야기를 나누며 그에게서 받은 첫인상은 이지적인 이미지와 함께 겸손과 성실함이었다. 마흔이 넘으면 사람은 자기 얼굴에 책임을 져야 한다는 말이 있다. 그것은 세월이 흐르며 인식하지 못하는 사이에, 삶에 대한 우리의 자세가 얼굴에 그대로 나타나기 때문이다. 아직 마흔이 안 됐지만 밀레니얼 세대인 저자는 마감할 때까지 지속된 소통 가운데 그에 대한 첫인상이 틀리지 않았음을 보여 주었다. 저자의 첫 번째 종이책을 잘 만들고 싶은 마음이 강렬해진다.

사람은 누구나 자신만의 스토리를 가지고 있다. 10명이 있으면 10개의 인생 스토리가 있고, 100명이 있으면 100개의 스토리가 있다. 그리고 그 이야기들은 모두 다른 이의 삶에 어떤 식으로든 영향을 준다. 나는 최근 이어령 박사님이 인터뷰에서 하신 말씀에 깊이 공감한다. '햇빛만 받아 울창한 나무든 그늘 속에서 야윈 나무든 다 제 몫의 임무가 있다.' 그런데 이런 자신만의 이야기가 어떤 가치를 지녔는지 모르는 사람들이 많다. 그들만의 가치 있는 스토리가 콘텐츠로 탄생할 수 있도록 돕는 '콘텐츠 코치'의 역할이, 앞으로 인공 지능이 많은 직업을 대체하게 될 미래에 더욱 빛을 발할 것이라는 생각이 문득 든다.

사실, 짧다면 짧고 길다면 긴 인생을 살아온 내게도 무수히 많은 삶의 스토리가 있다. 몇 번의 커리어 전환, 해외 업무와 여행을 위해 방문했던 전 세계 17여 개의 나라와 그곳에서 만난 사람들, 천성인 호기심 충만한 성격, 또 내 삶을 스쳐 간 많은 사람들의 기억은, 저자가 말하는 콘텐츠 금수저까지는 못 돼도 나를 충분히 스토리 부자로 만들어 주고 있다. 하지만 지금의 나는 '스토리 부자'일 뿐, '콘텐츠 부자'는 아니다. 둘 사이의 차이를 만드는 것은 저자가 말하는 것처럼 '누가 콘텐츠를 만들었는가?'이다. 곤도 마리에보다 훨씬 더 정리를 잘하는 어떤 이도 콘텐츠 없이는 그냥 세상 어딘가에 살고 있는 무명의 '어떤 이'일 뿐이다.

자고 나면 변하는 세상이다. 평생직장은 사라졌고, 인구 절벽, 인공지능, IT산업, 플랫폼 비즈니스, 그 외에도 수많은 변수가 산업을 빠르게 재편하고 있다. 정신 차리지 않으면 변화의 속도에 현기증을 느끼며 정체성을 잃어버린 채 휘둘리기 딱 좋은 시대다. 혼돈의 세상 속에서 내가 누구인지, 세상에 전할 수 있는 어떤 것을 가졌는지 가만히 생각해본다. 원고의 마지막 페이지를 넘기며, 늘 생각 속에만 머무는 내 등을 부드럽게 떠미는 저자의 격려를 느낀다. 언젠가 내가 가꾼 콘텐츠 정원에 그를 초대하는 즐거운 상상을 해 본다.

책임편집 우미정

남의 생각에 시중드는 일을 그만두기로 했다

회사 말고 내 콘텐츠

초판 1쇄 발행 2019년 12월 1일
초판 3쇄 발행 2022년 4월 30일

지 은 이 서민규
발 행 인 서재필

펴 낸 곳 마인드빌딩
출판신고 2018년 1월 11일 제395-2018-000009호
이 메 일 mindbuilders@naver.com
전 화 02)3153-1330

ISBN 979-11-90015-07-3 (03190)

•책값은 뒤표지에 있습니다.
•잘못된 책은 구입하신 곳에서 바꿔드립니다.